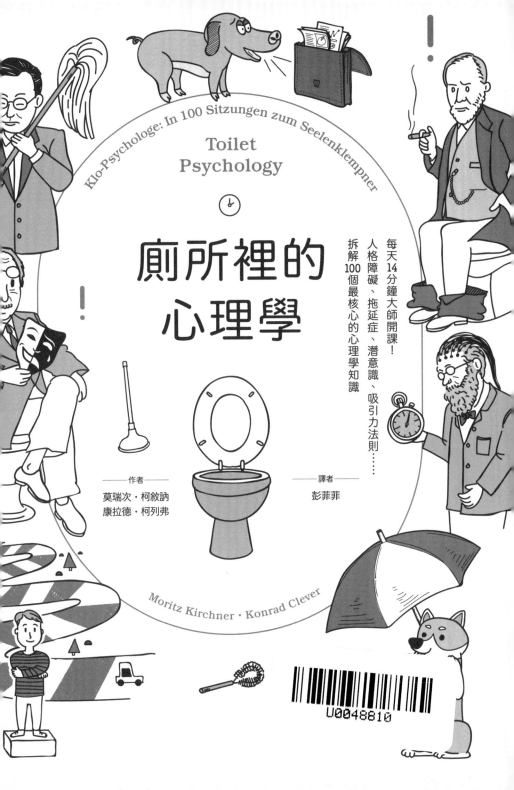

Klo-Psychologe: In 100 Sitzungen zum Seelenklempner

Toilet Psychology

廁所裡的
心理學

每天14分鐘大師開課！
人格障礙、拖延症、潛意識、吸引力法則……
拆解100個最核心的心理學知識

——作者——
莫瑞次・柯敘訥
康拉德・柯列弗

——譯者——
彭菲菲

Moritz Kirchner・Konrad Clever

U0048810

Contents

➡ 第三章　認知心理學與才智心理學

第四章　溝通心理學

第五章　動機心理學與正向心理學

第六章　發展與演化心理學

➡ 第七章　　組織心理學

➡ 結業式

廁所裡的心理學課

柯聰明教授致學生的一封信

親愛的同學們、讀者們：

　　歡迎參加廁所大學的下學期開學日！如果你們環顧四周，就會發現這間教室與你們過去習慣、長得千篇一律的教室很不一樣。這裡的瓷磚多了一些，討人厭的同學則明顯少了許多，但是味道有點重，特別是當一段時間沒清洗時，或你們沒有認真打掃清潔時。對於你們克服這種種嗅覺障礙，決定修習這一門在日常生活中具有高度實用價值的迷人知識，我深感欣慰。如果你們錯過了廁所大學上學期的「廁所裡的哲學課」──雖然十分不該──那就更沒有理由缺席這學期的「廁所裡的心理學」了。

　　廁所大學以緊湊紮實的當前知識作為基本目標，透過幽默且易懂的方式介紹心理學，為所有對人類以及心理學基本理論、機制和性格感興趣的人，提供精神滋養。這本書是寫給那些不想花時間追究細節，但又希望能在知識和樂趣上獲得滿足的人。因此，我們將它分成了一段段好消化的「章節」，

讓感興趣的同學得以在擁有健康消化系統的狀況下，利用如廁時間徹底消化完畢。

你們知道自己的一生中——以一般壽命長短以及如廁時間來計算，會在廁所度過的時間超過一年七個月又十五天嗎？其中有整整九十二天，就只是坐在馬桶上。如果每天可以從中花十到二十分鐘來學習，不是挺有意義的嗎？如此一來，廁所將不只是個解放之處，也會成為啟蒙之源，而佛洛依德的肛門期理論也終於可以有效擴展。從馬桶座起身之際，不僅體重減輕，還加強了神經元和人性知識的相互連結，聽起來就是划算！另外，囤積的衛生紙也終於有機會可以用完了。

此刻，你們手裡捧著一本最適合「自以為聰明人」的書，以博而精要為編排原則，主旨在於介紹最重要的心理學理論和思想家，以便你們能對他人以及自己進行描述、解釋和預測，正如心理學其根本的要求。在學校研習理論心理學的過程中，我

們往往在面對各式模型、實驗設計和統計數據之餘，反倒丟失了一些十分重要的東西，那就是**人類自己**。當然，我們不會在廁所大學拿統計學來虐待你，而是要真正教會你那些在獲得廁所文憑後，可以實際應用的知識。

正向情緒以及與學習內容相關的任何情感，都有助於提高學習的成功率——教育心理學的這項核心理念，也將貫穿我們整個學期。順帶一提，缺乏正向情緒和情感相關性，似乎也解釋了許多人在數學和化學方面的成績表現……

總而言之，所有的主題都會以幽默易懂的方式呈現，除了精神障礙——這個臨床心理學中絕對重要的主題，是心理學本身的必要知識，也是一個非常嚴肅，卻依然不幸地被低估，且被污名化的主題。所以，廁所大學的倫理委員會禁止我們在這個主題上開玩笑，我們當然也會遵守！

成為廁所心理學家最重要的先決條件，是對人類感到

著迷，以及擁有眞誠的興趣。而德爾斐神諭（Oracle of Delphi）的箴言「認識你自己」，同時也適用於所有想要獲得廁所大學心理學證書的人。在心理學中，對他人的了解通常是以自我了解爲前提。因此，你們在這學期不僅會學到許多關於他人的知識，更重要的，是關於你們自己。在此希望你們能獲得滿滿的樂趣及無數的知識洞見。

你們的教授　柯聰明教授
Dr. Konrad Clever

第1堂課

心理學到底是什麼？

心理學同美酒、民主與哲學，皆起源於古希臘。心理學「Psychology」一詞源自希臘文，是一門有關心靈（psyche）的科學或知識（logos）。

就連大名鼎鼎的亞里斯多德，也曾思考人的存有爲何。而希波克拉底（Hippocrates）[1]，這位制定醫師誓詞的傳奇醫生，則認爲人的氣質由體內的體液[2]決定。由於現代人對養生食療的痴迷，這類學說難保不會再度成爲時尚（例如出現Bock 勃克啤酒或綠拿鐵般的氣質等等）。當然，今日我們認爲性格就像是由荷爾蒙和神經傳導物質特調而成的獨特雞尾酒的論點，有朝一日也肯定會被後人嘲笑。

心理學在傳統上關乎三種活動：描述、解釋和預測，而這些活動的對象則是經歷、行爲和意識。

描述僅能算入門，因爲一個事物有了名字或可以被形容，

並不意味著它被理解了。能提出解釋才算是進階，因為更接近了知人之明的階段，不過仍有個缺點，那就是容易淪為事後諸葛。也因此，能夠預測下一步，才是最終的王道。

只要能預知人們明日的行為，不僅可以令人刮目相看，甚至還能獲取大量利益。這就是為什麼像 Google、Facebook 這類網路社群平台，也對擁有此類技能的員工有高度需求。為了能夠預測，心理學還專門發展出一套統計工具，不過對於許多不想碰觸數學，而只想研究「人類」的學生而言，這套工具反而使他們對心理學望之卻步。

早期鑽研記憶學的艾賓豪斯（Hermann Ebbinghaus），對心理學的形容十分貼切，他說：「心理學有個漫長的過去，卻只有一個短暫的歷史。」因為歷史上第一個心理系，是於 1879 年在萊比錫創立的。不過，當人類首次對他人產生興趣的那瞬間，其實心理學就已經誕生了。

在人類出生後的第六週，當所謂的社交性微笑開始出現，一種類似的覺醒將個別性地發生。嬰兒從那時開始意識到周遭他人的存在，也自此邁出他／她在心理學生涯的第一小步。

---

[1] 古希臘時代的醫師，約生於公元前 460 年。

[2] 即體液學，該學說認為人體是由四種體液構成：血液、黏液、黃膽汁和黑膽汁，這四種體液對應四種元素、四種氣質，

第 2 堂課

有關心理學的迷思（以及如何解構）

　　有些關於心理學的迷思，需要我們在修習廁所證書的過程中適當解構。因為許多乍聽好像合理，且不斷被人引用的說法，並不等於是事實（所謂的「重複曝光效應」會讓我們在心理上誤以為真）。為了避免掉入這類心理陷阱，首要之務，即是清除各式圍繞著心理學的迷思。畢竟正宗的廁所心理學家講究的是事實和實證，而非似是而非的流言！

第 1 個迷思：心理學家本身都有心理問題

　　在這個社會上，肯定有些心理學家無法治療他人，反而應該接受治療。但是這情形與活在這個後常態（Postnormal）社會中的其他成員幾乎無異，現在幾乎每兩人當中，就有一人曾在某段生命歷程中罹患過程度不一的精神疾病。後設分析，即整合多個研究的結果也的確顯示，心理學家罹患精神疾病的可能性略高。只不過這個「略高」並不立刻等同於「每一位」。

第 2 個迷思：心理學家其實只想自我治療

了解自我的確是心理學中一個相關驅力。畢竟對人類感興趣，當然也可以包含自己。然而，只有極少數人的相關驅力是爲了自我治療，更別說許多還是發生在潛意識。大多數即將成爲心理學家的莘莘學子，主要還是爲了治療他人的，畢竟每個人天天自處的時間也夠長了。

第 3 個迷思：心理學家可將人一眼看穿

許多人眞的以爲心理學家可以一眼洞悉他人。這確實會是件很棒的事，也是常見的學習動機，然而心理系的課程卻充滿著各式理論與研究，尤其是統計學。因此即便有社交閱讀障礙[3]的人，也有機會拿到心理學博士學位。（而且成功

的機率可能還略高！）心理學家擅長的通常是觀察和據理推導結論，所以能較快將人分類。但是「較快」不等同於「立即」，實際上這反而更像是偵探的推理技巧——藉由敏銳的觀察與彙整來洞悉對方的意圖。由此可知福爾摩斯絕對是正宗的廁所心理學家。

第 4 個迷思：只有最討人厭的學霸才讀心理系

一般人高中會考的成績的確必須要超標，才有機會申請到心理系。不過花錢找律師，對招生名額限制提出訴訟，也一樣有機會入學，市面上不乏這方面的專業律師，所以只要花點錢，也不一定真的需要最優秀的成績。

第 5 個迷思：每位心理學家中都有一張紅色沙發

這的確是一個大迷思。紅色沙發的緣由起於佛洛伊德
（Sigmund Freud），一位赫赫有名的精神分析師，他的
理論雖然現在常被學術界批評，不過當年他真的有一張後來
聞名世界的紅沙發，但這不代表每位精神分析師都有。順帶
一提，只有一小部分的心理學家是精神分析師。即便在做精
神分析時，也不限定要坐在椅子、躺椅或沙發上，可完全取
決於患者的喜好（和預算）。

3　Social Dyslexia，指難與他人打交道的人，缺乏社交智能，經
　常在錯誤的地方說錯話，有時舉止令人感到尷尬，有時也非常
　自私，只顧個人利益而不顧他人。

第 3 堂課

威廉‧馮特：始作俑者

　　萊比錫這個城市不僅經歷過和平革命歷史，是浪潮歌德聚（Wave-Gotik-Treffen）[4] 以及著名的書展舉辦地，還孕育了現代化且具科學基礎的現代心理學，因為威廉‧馮特（Wilhelm Wundt）於 1879 年在這裡創辦了世上首座心理學實驗室。

　　馮特本人原先在德國的圖賓根（Tübingen）攻讀醫學，同時也旁聽哲學與自然學科，甚至還自願旁聽化學課！不過也正因為他個人對自然科學的著述，使得後來幾世代心理系學生的派對樂趣從此被剝奪。

　　馮特對於人類如何會意識以及注意某些事物十分感興趣。他認為，一個人當下的意識其實就是他的心理過程，是一個直接的真實經驗。這個看法時至今日還被人們繼續沿用。他提出了人類意識的運作方式，同時在實驗室裡研發了可以相對應測量的方法，後來幾個世代的心理學家也都跟隨這個方

向發展。馮特研究得到的結論，是無論是與主體相關（其實就是自身）的心理經驗，還是有目的的行動以及有意願的行為，都屬於人類心理的基本原則。

馮特不僅很早就希望能建立這種心靈的心理學，還想建立一門民族心理學，甚至將後者做為個人的學術志業。「民族」在當時是個很潮的主題，但是依今日二十一世紀的相關經驗來看，民族心理學至少在學術上已成頹勢，且並沒有產出可用的知識。

馮特一直對普通心理之間的關係與因果有濃厚興趣，然而他過度執著於所有人的功能都相同一致的看法。身為心理學之父，理論上他應該會發現這個問題，但結果卻不然，正如他走上民族心理學這條錯誤道路一樣。不過，心理學能有今日的成就，還是得要感謝這位怪咖。

4 簡稱 WGT，是每年於聖靈降臨日，在萊比錫舉辦的音樂及文化節，始於 1992 年。

第 4 堂課

馮特的廁所

① 本生燈

他曾旁聽過羅伯特·威廉·本生（Robert Wilhelm Bunsen）教授的課，且對化學感到著迷。

② 碼錶

這當然是他實驗中非常需要的物品，因為他對複雜的反應過程所需的時間十分感興趣。

③ 腦電圖(EEG)

他是第一個有系統地對人類思維過程產生興趣的人。

④ Stowasser

拉丁文－德語字典。他同時還用拉丁文出版著作，很愛現。

⑤ 萊比錫大學大樓

萊比錫有一條街是以馮特的名字命名的。

⑥ 十字架

馮特是牧師的孩子。這種人一向都超級厲害！

～ 第一章 ～

深層心理學

第 5 堂課

精神分析（# 都是童年的錯！）

　　精神分析（Psychoanalysis）在心理學界的地位，大概就像德國前總理梅克爾在極右派政黨心中一樣不討喜。教授臨床心理學的老師往往在提到佛洛依德，或是他任何一個中心觀點時，多少都會忍不住抱怨幾句。

　　精神分析的魅力在於，它總會追根究底，即使最終得到的結論都一樣——都是父母的錯。父母不僅不顧我們的意願，就將我們帶入一個叫生命的矩陣裡，而且裡頭還充滿著各種心理負擔。由於將種種不滿歸咎於他人是如此容易，所以精神分析對於許多人來說，始終充滿著吸引力：既可以提高自我滿意度，還有機會把個人問題直接歸咎於父母，大大地降低了個人負擔。

　　精神分析以佛洛依德倡議的心理驅力（也稱心理動力學）為基礎，指出人的各種心理機制一直是處在持續的相互競爭當中。

「超我」就像個乖巧的小天使，它包含了規範、價值觀、教育理念以及道德觀。簡而言之，就是那些很無聊，可是爲了維繫社會，所以必須存在的東西。

而「本我」相對地就是個魔鬼，它是驅力、本能以及需求。本我是與生俱來的，而且根據精神分析理論，本我往往不顧後果，只爲力求即刻滿足，就像一個在鬧脾氣的三歲小孩般。不過，本我也確保人類能一次次創造宇宙繼起之生命，因爲根據佛洛伊德的理論，本我滿腦子就只有那檔事。

「自我」作爲一個有意識的感知機制，則擔起了調解上述兩者的卑微任務。它的角色就好像當天使和魔鬼互相爭論是否該利用公司聚會搭訕同事時，自我會根據現實原則，評估何者可行、何者不行。所以自我一般在本我和超我兩邊都不討好。不過，自我算是我們內心的調解委員，如果能讓各自要求相互矛盾的兩邊達成共識，且都只有些微不滿，那自我就算功德圓滿了。自我的工作可說是件苦差事，它眞該領取受難補償金，還有開趴獎金，因爲那對自我來說，其實是種加班。

從這個三重模型中導出的兩個結論，使得精神分析理論在今日非常不受歡迎。首先，根據這個模型，生活本身是兩個機制的持續內部纏鬥，使得內心毫無片刻寧靜。其次，它在本質上是從內部以及個人的角度來審視世界，是有關我們個人的感覺、驅力以及恐懼，但最終與他人毫無關係。因此精神分析只專注在內在的種種心理過程，而忽略了其他。這無論在理論和實務上都是一個問題。

　　但是，我們仍必須將一些成就歸功於佛洛伊德，例如他清楚認知到夢的潛意識含義，這對心理學的發展十分有助益。他對夢的解析雖然過度注重陽具符號的意義，不過還是增進了我們對潛意識的認知。

第 6 堂課

佛洛伊德：心理學界的老色狼

因爲性在精神分析理論扮演著重要的地位，佛洛伊德可算是字面上的老不休。根據他的性心理發展理論，人會先經歷口腔期，然後是肛門期，接著是性器期，最後是性徵期。每個階段光是聽名字，就已經很淫穢了。本質上，這個理論也說明了，能爲我們帶來快樂和滿足的事物，不一定都和性有關。

階段	以前我喜歡……	如今，每當我躊躇不前時，我會想要……
口腔期	母奶、還有任何可以讓小嬰兒放進嘴裡的東西	香煙、棒棒糖
肛門期	排便的過程（爲保持文雅，所以特在此使用這個說法）	秩序
性器期	探索自己的身體以及玩醫生扮演遊戲	繼續嘗試生理上的探索
生殖期	性（如果順利通過前一階段的話）	健康的性生活

第 7 堂課

佛洛依德和第一代辣媽（MILF）[5]

　　佛洛依德比電影《美國派》（American Pie）還要早發展出一套又稱「伊底帕斯情結」的辣媽理論。他取用一個希臘老故事，描述一位叫伊底帕斯的男孩，在不知情的狀況下謀殺了自己的父親，並與母親發生性行為，並以此推論男孩們在發育期間會開始渴望自己的母親（實際上是ILFMOM，就是 I'd Like to Fuck My Own Mom 的意思），並且會出於嫉妒，想要除掉父親這個障礙。這個伊底帕斯情結理論，在精神分析領域之外一直都極具爭議性，同時它也是佛洛依德過於把自身文化現象作為立論根據的範例。因此假使你下次看到蘋果蛋糕，卻有了淫穢的聯想時[6]——就想想佛洛依德吧！

---

[5] 全寫為「Mother I'd Like To Fuck」，意為「辣媽」，該俗語起源於網路，因電影《美國派》而聞名各地。

[6] 指伊甸園的蘋果。

佛洛依德的廁所

① 雪茄

佛洛伊德熱愛雪茄，所以他肯定也在廁所裡抽過。

② 圖騰

佛洛伊德熱愛這類神秘圖形；他會寫《圖騰與禁忌》一書並非毫無道理。

③ 筆記本

佛洛伊德非常喜歡自由聯想法。

④ 美國國旗

佛洛伊德在美國很受歡迎，尤其在他去美國訪問之後。

⑤《花花公子》海報

性之於佛洛伊德的重要性，就和性之於《花花公子》雜誌一樣。

⑥ 女人的照片

他多數的病人都是女性（儘管他的理論非常男性本位）。

第 9 堂課

安娜·佛洛伊德和心理防衛機制

安娜·佛洛伊德（Anna Freud）出生於 1895 年，當時她的父親佛洛伊德正在撰寫《歇斯底里症研究》（Studien über Hysterie）一書。安娜基本上是個喜歡做白日夢的女孩。她完全不遵守當時社會規範女性的資產階級生活方式，當她走過八十六個年頭的歲月，接近人生的盡頭時，若將她的每一篇學術論文精心整理且逐一歸檔，每年的檔案居然都有五大包之多。安娜自小就喜歡聆聽父親說話和演講，她不僅研讀父親的作品，還接受他多年的心理分析（接受父親對自己進行心理分析，就像在現代社會裡，讓父親可以隨意瀏覽自己的手機、電子郵件和 IG 帳號一樣，實在令人難以想像）。

安娜·佛洛依德憑藉個人最著名的作品《兒童分析技術導論》（Einführung in die Technik der Kinderanalyse，1927 年）、《教育者精神分析導論》（Einführung in die

Psychoanalyse für Pädagogen，1930 年）和《自我及其防衛機制》（Das Ich und seine Abwehrmechanismen，1936 年）爲自我心理學（Ego Psychology）奠定了基礎，後者也是今日精神分析的必讀叢書，描述的是精神分析文獻中有名的十種防衛機制。

這些防衛機制與她父親提出的相異之處在於，它們會爲了回應來自環境的批評、拒絕或駁斥而出現，因此不僅僅發生在當自我無法應對本我時。以下是幾項主要的防衛機制：

① 壓抑：

假裝某些東西不存在。例如不准或避談不愉快的話題。

② 情感退化：

面對批評和反對時，表現得像情緒失控的三歲小孩。就好像當新冠肺炎陰謀論者，在火車上被問到爲何沒戴口罩時的反應一樣。

③ 反作用形成／反向：

做出與被預期剛好相反的行爲，例如明明心中十分討厭某人，見面時卻表現得十分友好。

④ 否認：

主動假裝某事不存在，並強烈反駁。即便罪證確鑿，還表現得像個不講理的孩子，堅持自己無辜。

⑤ 投射：

在別人身上看見自己的身影（一個人若是常針對別人的某部分開玩笑，那往往就是他對自身不喜歡的部分）。所以，如果你們時常抱怨別人邋遢、吝嗇等類似的事情的話，那表示……

⑥ 昇華：

一頭埋進工作堆中而非直面問題。為情所苦的男人就是一個十分典型的常見範例。

第 10 堂課

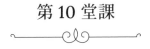

投射測驗

投射測驗（Projective test）的基本概念很簡單，在心理學上的應用也非常聰明 —— 人們會以某種方式詮釋一個圖像，而正是這種投射，可以說明人們的潛意識狀態。因此投射測試法，也是深層心理學的測試工具。

羅夏墨跡測驗（Rorschach test）是最早的投射測驗，之後陸續還出現了許多著名的投射測驗，例如「家族動物園」。這個測試法有助了解孩子對自己父母和手足的看法，當一個孩子將爸爸視為樹懶、媽媽視為母獅、哥哥視為兩棲動物時，我們不難從中得出一些有趣的心理訊息。問題是，不同的測試評估者往往無法就相同的解釋達成一致同意，所以結論常常卡在心理學上所謂的「評分者間的信度」[7]。這對測驗的科學性，和對孩童的治療都造成了問題。一些解釋可能會讓可憐的孩子感到不安，反而不利於治療。

而事實上，有一個投射測驗曾經十分轟動，那就是「主題統覺測驗」（Thematic Apperception Test）。這是根據受測者對所見圖片編造的故事，來衡量他們潛意識的動機有多強。針對這種測試所開發的演釋系統，還曾被用來檢驗美國總統的就職演說，預測其任內是否會有戰爭以及未來政府的基本作風。推演中雷根總統[8]的強勢作為是可預見的，而卡特總統[9]的性格則比較冷靜穩重。同樣地，直到二十世紀末，我們還真的可以根據兒童讀物裡描寫的獎勵機制，預測二十年後的經濟成長。所以，若是閱讀《建築師巴布》給孩子們聽，無論是過去或是現在，對工商會和法蘭克福證券交易所都會產生直接的效益。

下面的描述基本上適用於所有的投射測驗：比問卷更具有深入的洞察力，因爲它們不專注在有意識的自我意象。然而另一方面，想要對潛意識內容進行客觀可靠的評估，是非常困難的。這是潛意識動機心理學研究的基本困境，歸根就底，也正因爲潛意識就是如此難以掌握且複雜。

---

[7] Inter-rater reliability，指評分者之間，對於某件事情彼此同意的程度。

[8] 隆納・雷根（Ronald Reagan），美國總統，1981 ～ 1989 年在位。

[9] 吉米・卡特（Jimmy Carter），美國總統，1977 ～ 1981 年在位。

第 11 堂課

羅夏墨跡測驗：
當你想將墨水漬轉化為科學時

我們每個人在年輕時，都多少有些少不更事，心理學也一樣，其中就包括了羅夏墨跡測驗，一個早期用解釋墨水漬來推斷個性特徵的測試，且不幸的是，這項測試至今還在繼續使用。這個測試是由精神分析學家赫曼·羅夏（Hermann Rorschach）所開發的，其目的是透過解釋的定位、內容、頻率以及特殊的現象，找出有關受測對象的各項資訊。

測驗過程有兩個嚴重的問題：首先，評分者們對詮釋以及評估達成一致看法的機率，大概直逼不同德國教師對學生作文的評分看法。其次，根據之後的研究表明，使用羅夏墨跡測驗做測試，竟診斷出高達百分之八十的成年人都罹患抑鬱症或有「性格問題」。不過這個結論完全可以想像得到，因為要不斷為一個又一個抽象的墨跡（並非所有圖片都那麼令人愉快）提出解釋，確實會令人感到越來越沮喪。

第 12 堂課

阿德勒：我們在青春期
都是受害者

今日大概只剩下在德國校園內還會聽到學生用「嘿！受害者！」這種字眼去稱呼同伴。其實，這個稱謂有著深層的含義，根據深層心理學先驅——阿德勒（Alfred Adler）的說法，我們每一個人在年輕時（以今日的看法，大約到四十歲都還算年輕）都是深受自卑感殘害的受害者。因為當時的我們，無論是身體上、精神上還是錢財上，很不幸地，都比不過那些該死的成年人，自卑感的根蒂也就此種下。

這麼一個踏入人生的開始，不只激發了東京飯店樂團（Tokio Hotel）[10] 的創作，還有法國存在主義者。而我們最終都必須學會面對這份糾結。根據個體心理學（Individual Psychology），處理的方式只有兩種，不是經由補償作用，有效完成人生任務以及相關的生活目標；就是激起過度補償反應。過度補償，意味著針對某一個特定領域完全投入，並從別人的反饋中獲得完整的自信。這也就是為什麼對某些人來說，選秀節目的初賽就足以導致心理瀕臨生存危機。

根據阿德勒的說法，只有在愛、工作以及社群這三個領域，才會相對發生有效性的補償，而且終其一生如此。不僅我們個人的人格，還有整個社會都能因此繼續發展。不過交友平台上的速食配對交友在此不能作為一種促進人格發展的方式，這裡討論的是實實在在的真愛與交往。從個體心理學的角度來看，長期領取社會救濟金也不利於人格發展，因為它缺乏了在工作領域的有效補償，但是去擔當義工職務則可以，因為它可以強化社群這部分。

---

10 德國樂團，2005 年出道時，成員都還未滿二十歲。

第 13 堂課

榮格：心理學的海德格

卡爾·古斯塔夫·榮格（Carl Gustav Jung）與佛洛依德以及阿德勒一樣，分屬深層心理學的奠基人之一。在這裡推薦大家觀看電影《危險療程》（A Dangerous Method），片中深刻描繪了他與佛洛依德之間的矛盾關係。

如果我們想找個人作爲天才與瘋狂之間只有一線之隔的範例（順帶一題，經過大量觀察經驗證實，這樣的狀態並不存在！），那麼最適合的，莫過於榮格了。他博學多才，受過良好教育，提出的學說無論是氣質理論（Temperaments），或集體潛意識理論（Collective Unconscious）等，都豐富了深層心理學的深度。但是身處在那個黑暗時代的榮格，仍受到了納粹的誘惑，相信雅利安人的潛意識優於其他任何種族。

這正好與海德格（Martin Heidegger）——我們在上學期的「廁所裡的哲學課」討論過——有著特殊的平行狀態。他們兩人都對神秘主義情有獨鍾，也都想以一種特殊的方式

深入探討「存有」這個主題。同時，他們兩者對理性主義和科技主義的進步都很陌生，並從各自的理論中發展出了一套法西斯主義的世界觀。在榮格的例子裡，還多了一個現象，就是當時許多深層心理學家都是猶太人（例如佛洛依德和阿德勒），因此榮格轉身投向納粹主義的行徑，也同時悖離了原來的同胞。

相較其他深層心理學家，榮格還有一個特別之處，就是他提出的集體潛意識理論。這個理論指出，我們所有人都共享一些跨文化的形象（榮格將其稱為「原型」Archetype），例如因為紅色讓人聯想到血，就常會被人與生命連在一起；而各國的人們在描述瀕死體驗時，也常會提到所謂的「白光」。然而這裡同樣也有其他深層心理學理論的問題，就是這些現象都難以衡量或掌握。因此，心理學家之間還流行一個相關笑話，突顯可測量性這個問題：「請從 1 到 10 的強度範圍內，選出你對上次聚會事件感到的壓抑程度。」

第 14 堂課

榮格的廁所

①九型人格（Enneagram）：

榮格一生對玄學深感興趣，他甚至於 1902 年，以醫學的玄學現象為主題獲得博士學位。

②佛洛依德：

兩人直到分道揚鑣前都情同父子，佛洛依德也曾是榮格的精神導師。

③太陽：

對於榮格而言，太陽代表母親的原型，這對深層心理學家來說尤為重要。

④卍字符：

一開始時榮格偶爾會自認是納粹分子，後來也未真的與其劃清界線。

⑤捕夢網：

榮格對病人的夢也很感興趣，並想和他們一起解讀。

⑥人格面具：

榮格認為每個人都各自有一副類似面具的東西，而展現的形

象取決於我們對自己的人設。榮格將這樣的面具稱爲「人格面具」（Persona），取材於戲劇演員依角色所戴的面具。這個概念比今日流行的「形象管理」有格調多了。

第二章

人格心理學

第 15 堂課

五大性格

　　為什麼有些人被批評時，寧願跑去角落掉淚，有些人則會立刻回嗆？為什麼有些人在其他人面前落落大方，有些人則分外拘謹？為什麼有些人會見義勇為，而有些人只會為自己著想？這些問題的答案皆可由五大性格特質（Big Five Personality Traits）解答。

　　一個人有何特質？我們與他人之間的差異為何？這兩者都是人格心理學中最重要的課題。一直以來，人格面向與人格類型的相關論述多如牛毛，然而真正能讓廁所心理學家接受的卻很少。所謂的五大性格，在過去七十年的人格研究領域中，一直處在屹立不搖的地位。當你們認識完這個理論時，就能更接近廁所文憑了。

第 16 堂課

神經質：聽起來不好，也眞的不好

神經質　　　　　　　　　　　情緒穩定

　　神經質（neuroticism）源自神經症（neurosis）這個詞，指的就是焦慮。若以現今醫療知識來看，高度焦慮的人其實挺倒霉的：他們普遍比常人更感到不滿，害怕承諾也害怕失去，情緒容易失控，而且還時常愁眉苦臉，可說是背負著人格心理重擔。高度焦慮的唯一好處，是能規避風險，有時難保會因禍得福——不過這其實也很難說，畢竟他們連嘗試的機會都被直接省略了。換句話說，他們較能理解他人以及他人內心的焦慮，因爲那些對許多事比較不在意或完全無所懼的人，通常無法眞正理解謹小愼微者的心理，所以對外才會顯得一副情緒冷靜的模樣。

第 17 堂課

外向性：喜歡與人為伍

內向性　　　　　　　　　　外向性

外向性指的是向外指向的性格，而內向性則正好相反。

順便賣弄一下，內向（introversion）這個字源自拉丁語「intro」，意思是「朝內」；而拉丁語中的「extra」，則表示「朝外」，因此，以「extraversion」來表達外向是正確的。只不過很多人走了思考捷徑（他們想，既然內向是「introversion」，那外向不就應該是「extroversion」了），所以現在人們也接受「extroversion」的拼法，但那並不正確就是了！

外向的人需要其他人，就好比魚需要水一樣。他們開朗、有趣、樂觀，但往往會低估風險。由於他們樂於與人打交道，所以常常只是泛泛之交。內向的人一旦談到個人事物，就會像是一座石油鑽井平台般源源不斷，但那只會發生在當他們信任對方，並且確信對方欣賞自己到一定程度的狀況時。人們認為一個人的外向和內向程度幾乎不會改變，而且與氣質有著根本的關係。如果外婆說：「這孩子真活潑」，它絕對是這孩子未來外向性的一個相對確定的指標。

第 18 堂課

友善性：當我對這個世界太好時

友善性　　　　　　　　　　　　　自私

友善性（agreeableness），意味著人們自認自己以及個人的行為，符合其他人的願望和需求的程度，這其中的差距可以從川普到德蕾莎修女這麼大。事實證明，友善性有助於心血管系統，但是對自己的荷包則不利。因為友善性人格者會願意予以他人信任（以及物質），而且他們為人仁慈，通常與他人相處和睦，因此不常有感到義憤填膺的時候，自然較少傷害到心臟。相對的，他們也厭惡衝突，所以不會為了自身利益而進行持續的抗爭。

當他們應徵工作失敗時，唯一的感想很有可能是為應徵上的對手感到喜悅。親和性高的人通常不太會被晉身到管理

職。王子樂隊（Die Prinzen）曾唱過一句著名的歌詞：「你在這世上必須是一頭豬」，貼切地形容了經理人的工作內容。不過，像個壞傢伙那樣對待別人，是不存在於友善性人格者的字典裡的。

反倒是「你對這個世界太好」這句話，一語道盡了友善性人格者的特質。優點是這些人能活得久一些，因為經驗顯示，友善性有益於心血管系統以及延長預期壽命。如果心臟這個幫浦不斷因為憤怒、攻擊或怨恨而被迫加強脈動，自然會衰竭得更快。

第 19 堂課

責任感：普魯士指數

責任感　　　　　　　　　　　　　　　無責任感

　　責任感（conscientiousness）描述的是對有明確目標、計劃、秩序、結構、自律和信守承諾的喜好。原則上，也可以將其稱爲「普魯士指數」[11]，普魯士王國的腓特烈二世，以及哲學家康德的指數可能都爆表了。然而，過度的責任感往往會變成完美主義，生活會變得過分吹毛求疵，甚至到了病態的地步。另外，有過度責任感的人不懂得授權，他們打從心底認爲，如果沒有事必躬親，就凡事都辦不好，但其實他們的意思常常是：「如果沒有百分百如我想要，就是不好」。誠然，責任感的多寡的確是決定事業能否成功的第二重要指標，僅排在一般智力之後，但是如果想要維持得長長久久，就得偶爾學會放輕鬆了。

---

[11] 普魯士人有著一板一眼、拘謹的形象。此處也指「責任感指數」。

第 20 堂課

經驗開放性：就是字面上的意思

經驗
開放性

保守主義

經驗開放性（openness to experience），形容的是強烈想要認識新的想法、印象、體驗、地方、食物、毒品以及人。它的反面是保守主義。對新經驗持高度開放者，他們的生活狀況自然會與周遊列國、斜槓人生、嗑藥以及較高的離婚率連結在一起。這些人往往感情豐富，對生活充滿幻想，也喜歡將其與人分享，即便未預先告知或詢問對方是否感興趣。有一點可以肯定的是：樂於體驗新事物的人通常擁有豐富且緊湊的生活，但不一定長壽。相較之下，保守的人偏愛可靠性，不願持續的變化也不想一直獲得新的印象。前德國總理柯爾（Helmut Kohl）曾經連續三十多年都在沃爾夫岡湖（Wolfgangsee）渡假，就是一個最佳範例。對於新體驗高度開放的人認為，保守的人無聊、小家子氣，而他們自己則常被人誤認為瘋子或是在做白日夢。

原則上，這裡存在著一個非常明顯的目標衝突，用句簡單的諺語來說就是，對任何事情都開放的人，腦袋通常有洞，那些對熱衷體驗新經驗的人常常有著混淆不清的身份認同。保守的人通常沒有這個問題，他們大多知道自己是誰、想要什麼，在根本上比較務實。

第 21 堂課

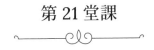

氣質理論

氣質理論可能是人類最古老的人格理論，是由希波克拉底（Hippokrates）於公元前四世紀所提出，以人體內流動的四種體液作為理論基礎。這種「四體液」的學說雖早已被推翻，但衍生的氣質類型至今看來仍生動逼真。

讓我們來試試這個簡單的心理測試

你自認最像下述哪位名人？

· 芭芭拉·舍內伯格（Barbara Schöneberger）[12]

· 於爾根·克洛普（Jürgen Klopp）[13]

· 奧茲·奧斯本（Ozzy Osbourne）[14]

· 弗蘭克 - 沃爾特·施泰因邁爾（Frank-Walter Steinmeier）[15]

答案可以透露一些有關你的氣質，因爲認同通常也意味著將自己投射在與個人非常相似的人身上。你們會在下一堂課看見自己答案所代表的涵意。

---

[12] 德國女演員、歌手和節目主持人。

[13] 前德國足球員。

[14] 英國重金屬搖滾歌手。

[15] 德國總統（2017 —）。

四種氣質

A. 多血質者(Sanguine Temperament)

理應渾身上下充滿血液的人

他們樂觀開朗,衝勁十足,基本上會低估風險,也會低估完成事項所需的時間。他們有時過於輕率,也不太堅守一定的原則,不過相對常保有好心情。

B. 膽汁質者(Choleric Temperament)

時常會上火的人

他們有著一條短短的導火線,以及威力十足的情緒爆發。然而他們的長處(也是最大的優勢)則是自主、意志堅定、始終如一以及堅持不懈。不過,他們雖然擅長改變事物,卻

並不一定都是往好的方向變動。所以要注意的是，「膽汁質」一詞在心理學的意思比在德文日常用語[16]來得中性一些。

C. 抑鬱質者（Melancholic Temperament）

體內黑色膽汁過多的人，
通常可以從染黑的頭髮和過深的眼妝看出

對他們而言，這個世界往往沉悶且充滿艱辛。他們有一顆低落的心，在他們的眼中，酒杯平常都是「半空」[17]的，除非是為了借酒消愁，才會有滿杯的時候。他們敏感、善解人意，且常常有內涵。這類人獲得諾貝爾文學獎的概率也較常人略高一些。

D. 黏液質者（Phlegmatic Temperament）

黏液過多的人

人體內如果有過多這類東西，往往需要很長時間才能做決定並啟動。（這挺合乎邏輯的，不是嗎？）但是一旦起了頭，他們就絕對會有始有終。消極事物、情緒波濤與激動都會馬上一掃而空，一切都會以更清晰的方式看待。他們可以在精神上、情感上和身體上輕鬆地度過一生。「放輕鬆」對他們而言，絕對是個人層級的命令！

---

[16] 該詞在德文一般口語是指脾氣暴躁以及易怒的人。

[17] 指他們會以負面的角度看世界。

第 23 堂課

行為主義

聖經記載：「最初有話語。」而在實驗行為研究中，最初則有老鼠和狗。行為主義（Behaviorism）將研究人類行為的源由視為己任，卻在過程中完全忽略人的內心世界和心理過程。這狀況有點類似許多夫妻結褵數載後的標準常態。

行為主義的目的，是使心理學達到自然科學的標準。我們的確從中獲到許多有關人類（與動物）如何學習的知識，心理學在方法論和科學標準方面也有實質改進，但不幸的是，心理學的主要範疇，也就是心理本身，幾十年來卻被忽視。

其實有時生物的想法和需求十分明顯，例如在一項行為學派的實驗中，實驗人員讓一隻公鼠通過迷宮找到母鼠，同時讓牠們交配。只是當公鼠快達到性高潮時，實驗人員就把牠拉回迷宮門口重新開始，如此反覆數次。實驗的結果令人

驚訝：公鼠找到母鼠的時間越來越短。這個黑箱[18]——當然沒有內省法[19]，顯示的情形很清楚，就是這隻老鼠發情了（rattig）[20]。

---

[18] 黑箱論將系統比作一個看不透的黑色箱子，研究中不涉及內部的結構和相互關係，僅從其輸入輸出的特點來了解該系統的規律。為行為主義常用的研究方法。

[19] 行為學派主張用刺激-反應方法進行研究，完全否定重視心理狀態觀察的內省法。

[20] rattig（發情）一詞源於 ratte（老鼠）。

第 24 堂課

史金納：中國共產黨的非自願先驅

　　史金納（Burrhus Frederic Skinner）毫無疑問是二十世紀最偉大的心理學家之一。他寫了《桃源二村》（Walden Two）這本科幻小說，書中描述一個藉由行為控制、監控以及強化學習建立的幸福社會，他在書中將人分成四類，計劃者、管理者、工人以及科學家。別說這聽起來像在描述中國⋯⋯

　　⋯⋯史金納可能不自覺地為今日中國的行為監控，預想了一個社會信用系統。在這裡，人們的每個活動都有相對應的分數：結婚可以加分，工作也一樣，闖紅燈或在聚會上撒野則會被扣分。整個行為系統以及預期的效果都可以用史金納的學習原則來解釋，那就是全面監督社會，摒除叛亂發生的可能。因為減分會影響信用評分、飯店預訂以及結婚機會。至於什麼行為是可取的，則由監控系統的一方以及演算法決定。所以史金納的「行為工程」（behavioral engineering）想法十分符合當前情勢。唯一的疑問是：他是否會對於自己的想法在中國成了現實，而感到自豪？

第 25 堂課

學習法則
（適用於狗、嬰兒、老鼠和成年人）

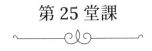

桑代克（Edward Lee Thorndike）的
效果律（Low of Effect）

　　當我們從某事獲得滿意的效果時，就會學得更快更好。就像與網友見面十次之後，就可以掌握訣竅，只不過你得先約到十次。

巴夫洛夫(Ivan Pavlov)的 古典制約(Classical Conditioning)

原本中性的刺激，會通過學習變成了相關的刺激。當全白的信封直接與官方郵件聯結在一起時，那麼人一看到它就會直冒冷汗。

操作制約（Operant Conditioning）

當一個行為得到正向後果時，這個行為就會獲得強化。這也正是為何捨棄巧克力是如此困難的原因。

同樣的道理當然也適用於懲罰。

第 26 堂課

習慣

　　事實證明，人們做其所做之事，主要原因是因為一直以來都是這麼做的，無論是挖鼻孔、遲到，或是週日收看《犯罪現場》。習慣有點像絨毛玩具，能提供我們依靠和安全感，不過有時看在別人眼中會顯得很奇怪。

　　習慣還確保了許多特徵成了求職應徵信上的廢話 —— 像是靈活、勇於嘗試，或是現在流行的所謂兼容並蓄（即能夠忍受矛盾），其實內心通常只是碎念著：「我向來如此，以後也會照樣。」

　　但為什麼我們人類會是這種噘著嘴的慣性動物呢？內心的豬狗（innere Schweinehund）[21] 難道不是我們人類的最佳拍檔嗎？

　　我們喜歡學習新事物，但內心的豬狗像是一個可以讓我們感到舒服的小寵物，提供了對懶散生活平衡的需求。此外，

習慣還能確保自己少花點腦筋思考，符合我們所謂的認知吝嗇（這晚點會討論）。還有，當我們依賴個人習慣時，就不會覺得自己是在做決定（除了因為習慣，但會被淡化），畢竟大家都知道，每一個決定就是在屠殺其他的所有可能，而誰又想成為大屠殺的兇手？

---

21 德文俗語，指內心較弱的自我，它會阻止一個人進行不愉快的活動，例如節食。

第 27 堂課

庫爾特 · 勒溫

　　庫爾特 · 勒溫（Kurt Lewin）這個人，我們必須說是個很厲害的傢伙，他也同時是位非常出色的心理學家。他讓我們認識了領導力如何能產生作用，同時也讓人類行為更易於分析，並且還影響了國際心理學史。由於他是猶太裔，所以不得不在納粹時期離開德國移民出走，無法在柏林繼續他的開創性研究。

　　據說勒溫有個習慣，他與研究同仁去餐廳用餐時，喜歡在付帳前和付帳後，各詢問服務人員一次餐費的金額。基本上他們買單前，所有服務員都會記得金額，但一旦他們付了錢之後，就沒人記得了。心理緊張系統理論（Mental Tension System）說明了這個現象：只要客人尚未付款，服務人員就會處於心理緊張狀態，他有可能得因此自掏腰包，所以會盡可能記得發票金額。但是一旦客人付款了，這個緊張系統就會很快鬆懈，此時金額就不再是重要資訊了。

順帶一提，同樣的原理也可以解釋，為何結婚紀念日會被遺忘……

勒溫還區分了獨斷、民主以及自由放任等不同的領導風格。換句話說，領導一個組織或是部門，是要像克里姆林宮、綠色和平組織還是大樓管委會一樣。他當時證明，民主領導風格就長遠來看，不僅有利於激勵組織和幹部，也有助於滿意度以及組織團結。而當情勢危急，需要快速做出決定時，多一些「普丁」也肯定有所幫助，只是那不是個久遠之計。

勒溫還創造了一個數學方程式，大概所有心理學系的學生連睡覺做夢時，都可以唸出，那就是 $V = f(P, U)$

由於潛在讀者可能不精於數學，甚至不知道每個函數所代表的意思，所以我在此解釋一下：

行為(V)是人(P)和環境(U)的函數(f)。我們不知道人與環境之間的關係究竟如何，因此在兩者中間使用逗號。根據勒溫的說法，我們每個人的行為是由自己的個性與環境之間不斷互動所形成的。在理想的情況下，我們的環境（或是我們會去選擇一個合適的環境）可以確保個人繼續發展。這無論如何都非常符合勒溫的心理學。

第 28 堂課

庫爾特·勒溫的廁所

① 刺刀：

他自願參加了第一次世界大戰。

② 鐵十字勳章：

兩人直到分道揚鑣前都情同父子，佛洛依德也曾是榮格的精神導師。

③ 猶太教七燈燭臺：

他信奉猶太教，是猶太復國主義者。

④ 相機：

勒溫喜歡使用文件分析法。

⑤ 紅酒：

勒溫是位喜歡社交的心理學家。

⑥ 厚厚的數學書：

他的心理學理論通常具有高度的數學知識。

第 29 堂課

自尊

　　培養個人自尊是一生的工作，尤其是發展出一個大約介於金卡戴珊（Kim Kardashian）[22]和伍迪艾倫（Woody Allen）[23]個性之間的健康自我。特別重要的是，如何面對處理失敗以及來自他人的批評，都在人格發展扮演著重要影響。那些不能承認自己錯誤、接受合理批評，還立即回嗆的人，是難以成長的（雖然對白宮而言，這可能不構成問題）。

　　如果我們看看人們在臉書、Instagram、Snapchat、抖音等社交平台上的種種美好分享，應該會以為大家都身處在一個無比幸福、充實的社會裡，裡頭盡是假期、日落美景、無憂無慮、各式聚會以及難以忘懷的時刻。而與此形成鮮明對比的，則是抑鬱症和焦慮症的發病率顯著增加。尤其對於時下的年輕人而言，如何在社交媒體上展現自我，特別是獲得來自他人的認可，成了獲得自我價值的重要來源。因此，今日有些景點吸引人，不是因為那裡有多美，而是因為它們「很好拍」。

廁所心理學家的重要小建議

　　「三年後你覺得自己會在哪裡？」這個面試問題雖然老掉牙，但有心理層面上的意義。因為最好的人格成長，莫過於對生活有一個願景，並朝其努力發展。有願景的人，眼睛不會因此受傷，所以也不必去看眼科醫生，但是如果沒有願景，大概就會像卡爾姆恩德（Rainer Calmund）[24] 死命想在足球場上移動那般的困難。努力實現自己的人生願景，不斷自我成長，從而獲得自我實現，就如同為自己的成就感到自豪一樣，才是獲得自尊的最佳來源。

---

[22] 美國電視名人，名媛。

[23] 美國電影導演。

[24] 德國知名足球界人士，身型肥胖超重。

第 30 堂課

感官刺激尋求

　　無聊是件惹人厭的事，究竟有多無聊卻因人而異，而且可以用感官刺激尋求理論（Sensation-Seeking）來解釋。這個理論說明了人們會在不同程度上尋找強烈的印象，同時避免感到無聊。

　　高度尋求感官刺激者通常過著驚心動魄且緊湊的生活，他們需要很多深刻的印象——重機、（非法）毒品、縱慾、極限運動以及任何能帶來刺激的事物，對這類人而言，都是必須且可以帶來快感的。感官刺激尋求理論的要點就是，人們需要這些足以銘心刻骨的印象。

　　高度尋求感官刺激者通常會是第一個站出來，認為只喝個微醺就是把錢拿去打水漂的人。他們也不認為兩人交往一定要遵守所謂三次約會的規則（應該要到第三次約會才能發生進一步關係，否則就是沒把和對方交往當一回事），當然，前提是他們喜歡對方。當他們開車或騎車在路上時，交通法規對他們

的意義，比較是哪些法條可以做，而非哪些必須遵守。合法毒品與非法毒品的區別，則是一般中產階級才會思考的問題。

但該如何解釋這種情況呢？

每個人內心都有一個最佳的刺激高度。彼此間的差異範圍甚廣，從「在城裡有個小菜園對我來說實在充滿驚喜」到「高空彈跳玩到第三次之後，也變得挺無聊的」，差別如此之大。

高度尋求感官刺激者通常需要高的刺激程度，因為他們結合了這個理論的四個組成部分，分別是：

① **刺激和冒險尋求：**

他們覺得刺激以及危險的體能活動令人興奮。

② **追求新體驗：**

享受許多又新又強烈的感覺。

③ **大範圍的解禁：**

河堤孩子（Deichkind）樂團的歌詞：「衝動的人是沒有界線的。把家具扔出窗外，我們需要跳舞的空間。」這肯定是由高度尋求感官刺激的人寫的。

④ 一定程度對厭煩的敏感性：

即容易感到厭煩。

所以，對冒險的渴望、對強烈體驗的探索、解放和對無聊的強烈厭惡加在一起，成了這個感官刺激尋求理論。

總體而言，則會出現下述的目標衝突：具有高度感官刺激尋求的人，雖然活得比較緊湊且以及令人印象深刻，但他們的預期壽命在統計上也明顯較短。

第 31 堂課

馬斯洛需求層次理論

　　創立於 1950 年代的馬斯洛需求層次理論（Maslow's hierarchy of needs），絕對是心理學的經典理論，不容被任何心理學介紹遺漏。讓我們這樣說吧，它在心理學從業者眼中，比在學術界更受歡迎。馬斯洛需求層次理論可說是布萊希特（Bertolt Brecht）名言「先有食物，後有道德」的複合版。

滿足較低階的需求是實現上一階需求的先決條件。

我們可以用馬斯洛需求層次理論來解釋以下的狀況：如果我們在約會時急著想上廁所，即便那是世界上最浪漫的約會，我們也無法真正享受。需求層次理論也解釋了為什麼許多人無法發揮自己的才能：因為較低階級的某個地方出現了問題，有可能是金錢、價值觀，或是他們的同事以及家人也和他們一樣。然而，不容諱言的是，這個理論也受到批評。首先，這個步驟順序不適用在許多情況，例如：擁有較少甚至沒有親和動機的人，在爭取受人尊重之前，並沒有愛與歸屬需求。另外，不少在較低層級有相當大問題者，最終還是實現了自我。還有人批評說，需求層次理論並非普遍通用，比較像是在表達西方中產階級的倫理。最後，自我實現並非每個人的最高目標，這在集體主義社會中尤其明顯。

第 32 堂課

道德基礎理論

　　如果人們在童年時沒有完全走偏的話，理論上會形成一定的價值觀。強納森‧海德（Jonathan Haidt）發現人類有六個普世的價值基礎，以不同的形式呈現在每個人身上（除了罹患精神病者以及反社會人士），並且依附於不同的事物。以下就是這六個道德基礎及例子：

① 關懷：

　　如果在公車上不讓位給一個明顯行動不方便的老太太，光看就違反了關懷的價值。

② 公平／正義：

　　女性與男性同工不同酬這一事實，應該違反了所有人的公平價值。

③ 權威：

如果人們在疫情期間不戴口罩購物，對於所有遵守口罩義務的人來說，是對權威價值的侵犯。

④ 聖潔：

如果人們被公眾羞辱、貶損，或者感到羞恥，這是冒犯他們的聖潔。

⑤ 自由：

對於吸煙者而言，酒吧禁煙違反了他們的基本自由。

⑥ 忠誠：

「人前手牽手，人後下毒手」，就是傷害人忠誠價值的例子。

廁所心理學家在此的建議

我們可以藉由道德基礎理論，快速準確地找出別人感到受傷的原因。一旦我們想準確切入某個道德基礎，並得到確認，最好在言語上如此表達：「我能理解……」

第 33 堂課

病態人格障礙

我們到目前為止，主要介紹的都是非常正常的行為以及主題，然而，心理學對人的病理也持續深入研究已久，尤其是有關人格障礙。而許多日常的心理概念，如「那人腦袋有洞」、「那人真的有病」或是「那人瘋了」等，多少準確反應了某種程度的事實。

了解人格障礙有助於我們能更加認識理解某些人的行為。還有一個重點是，我們不能以為人們通常維持一定程度的正常，然後才突然出現異常，它比較像是一個漸進的過程，而這也使得診斷變得複雜。

先提兩個最有名的病態臨床表現：

「精神病患者」就是對他人，尤其是他人的苦痛不以為意的人。無論是漢尼拔·萊克特（Dr. Hannibal Lecter）[25]還是開膛手傑克（Jack the Ripper）[26]，都是明顯缺乏同理

心的人。他們甚至不會感到內疚或懊悔，反而會更增加自信心。他們常有的感覺，就像是布蘭登堡（Brandenburger）鐵克諾音樂會的工作人員一樣：腦袋異常，但很爽。

「社會病態者」則還殘留著些許道德，但完全不在乎自己的行為會對他人造成何種後果。他們容易感到不耐煩，常會主動挑釁他人，而且通常不遵守規範。據說這種異常症狀經常發生在嘻哈說唱歌手、新冠疫情陰謀論者，以及那些站在已經幾乎沒有剩菜的自助餐旁的人身上。

人格障礙是一個非常嚴肅的話題，當然，也是一個十分深奧的心理學主題，因此不應該在此被遺漏。

---

[25] 湯瑪斯‧哈里斯所創作的懸疑小說系列中的虛構人物，是一名食人醫師。

[26] 十九世紀在英國倫敦以殘忍手法連續殺人的兇手化名。

第 34 堂課

自戀型人格障礙：現今社會的鏡像

　　希臘神話中，有一位年輕男子內心十分困擾。他極受歡迎，人人都想獲得他的青睞，可是他拒絕所有愛慕者的心意，無論是男或女。有一天他風情萬種地依傍在水邊，他望見水裡自己的倒影，瘋狂地愛上了自己。當這個影像被上帝有意以一片葉子遮蔽而受損時，他發現自己變得如此醜陋，除了自殺以外沒有其他出路。話說，這個轉變未免也太戲劇化了吧！

　　納爾希斯（Narcissus）的故事表明了，光靠外在的生活並不一定值得效仿。納爾希斯同時是一種人格障礙的代名詞，這種人格障礙在我們現今社會裡越來越常聽到，也變得與我們越加有關連，那就是「自戀型人格障礙」（Narcissistic Personality Disorder）。

第 35 堂課

自戀 2：我已經夠棒了，
可惜其他人還不明白。
那是他們的問題，不干我的事！

　　根據美國精神醫學學會的分類系統，即所謂的《精神疾病診斷與統計手冊》（簡稱 DSM），如果你滿足下述九點要項中的五項以上，那就要注意了：

☐ 你自認無比重要，且從根本上就優於其他人（無論實際表現如何）。

☐ 你常惦記著偉大的成就、榮耀和名聲（不過，誰又不會偶爾想想這些）。

☐ 你相信自己很特別且獨一無二，這就是為什麼只有特殊的人（即那些本身和你一樣特別且獨特的人），才能有幸與你為伍。

☐ 你需要他人持續對你的大量讚賞（房子、車子、船、粉絲數……）。

☐ 你認為自己理應享有優惠待遇，因為自己很特別。

☐ 你在人際交往中，往往是個真正的混蛋，只考量個人利益。

☐ 你缺乏同理心，不會也不想考慮他人的感受。

☐ 你總是嫉妒別人。

☐ 你經常表現出相當程度的傲慢。

不過這裡有一個很大的問題，那就是自戀者通常也缺乏自我意識。這意味著，如果你只認同極少數以上的描述，也可能是自戀型人格障礙的另類明顯跡象。因為你其實是很棒的，可惜其他人還搞不清楚……這也使得這種人格障礙相較其他的更難以治療。

不過問題是，自戀有很大程度是受到社會制約的。由於數位化的影響，尤其是社交網絡，使得人們現在有了全新的方式來展示自己——像是讚數和追蹤——也就是那些可以吹捧自戀的東西。

第 36 堂課

做作型人格障礙

　　有些人總是表現得很誇張，讓人覺得他們的生活就像一齣戲，只是我們總會有個疑問：究竟哪個才是真實的他？這些人的背後可能藏有「做作型人格障礙」（Histrionic Personality Disorder）。這個名詞起源於希臘語的「histrio」一字，意思是演員。演藝界中，當然有一定比例的人有這種人格障礙，不單單在舞台上，許多選秀大賽的評審也一樣。

　　這裡再提供一個實用的自我測試（如果你認同六個特徵中的其中四個以上，那你應該深入探索自己的內心，而不是老是走上舞台）。

① **不斷談論有關自己的一切，而且極富戲劇性**，尤其習慣使用誇大的表達方式（對於澳洲人和美國人而言，這可能都算稀鬆平常，因為根據廁所心理學家的經驗發現，他們認為所有事情都「棒透了」）。

② **易受他人或周圍環境影響**（無論是按讚數、松鼠還是鄰居）。

③ **淺薄以及不穩定的情緒**（也就是俗稱的「翻臉如翻書」）。

④ **不斷尋找新的刺激體驗和活動**，如此便能自然地成為眾人的焦點（這類人通常有大量的感官刺激需求）。

⑤**過度誘人的行為和外表**（這裡需要說明的是，所謂過於誘人的東西，當然與所處時代的風氣有強烈關係；在過去，光是露出腳踝就算是色情了）。

⑥ **非常努力地想讓自己顯得有吸引力。**

　　以上都是患有這種人格障礙的定義。光從字面描述來看，幾乎所有 Youtube 上的網紅都有這種障礙。

　　今日，進步的科技提供了我們更多展示自己的可能性，也能因此而獲得更多反饋，再加上人人都渴望得到關注，因此，從批判心理學的角度來看，很難說這是一種個人障礙（儘管數位化之前就有了表演藝術）。另外還有一個值得思考的層面：若沒有人有做作型人格障礙，那麼各式娛樂表演肯定都會遜色！

第 37 堂課

邊緣型人格障礙

　　邊緣型人格障礙（Borderline Personality Disorder）無論是對當事人本身或是他們的親屬，尤其是伴侶而言，都是極其沈重的負荷。因為暴衝、心情快速轉變，以及持續在「理想化」和「一文不值」兩個極端之間搖擺，還有持續的情緒不穩，都是無法簡單面對處理的。

　　以下是根據《精神疾病診斷與統計手冊》所列舉的九個邊緣型人格障礙的核心標準（超過五個就不太妙了）：

① **會做出瘋狂的舉動以避免被遺棄**（無論真的迫在眉睫，抑或預測將會發生，因為他們經常對損失有明顯的焦慮）

② **非常不穩定的人際關係**，在強烈的理想化（白馬王子、最愛的人、心中的女神）和一文不值（*********、**********、* *** ************、****** - *****) 之間搖擺。

③ **非常不明確的自我形象**，也難以建立。

④ **強烈衝動行為**發生在至少在兩個不同領域，其行為可能會戕害自我身心，像是瘋狂購物、耽於性愛、飆車、暴飲暴食以及嗑藥。

⑤ **威脅自殺**，或實際的自殺行為。

⑥ **激烈的情緒反應**，特別是強烈的不開心或易怒。

⑦ **內心長期有空虛感。**

⑧ **不恰當的爆怒**，和難以控制自己的負面情緒。

⑨ **在壓力大的情況下，出現奇怪偏執的想法。**

這裡也適用同樣的判斷原則，有越多類似狀況，就越有邊緣型障礙的傾向。

而對於邊緣型障礙的本人而言還有兩個資訊，一則以喜，一則以憂：好消息是，症狀往往會隨著年齡的增長顯著減少（也許這就是所謂的「智慧」）。壞消息是，這種人格障礙很難治療，而且常常連帶會有抑鬱症、自戀、藥物濫用、注意力不足過動症（ADHD），或是反社會人格障礙等其他負面影響。

～ 第三章 ～

認知心理學與才智心理學

第 38 堂課

認知吝嗇：何必多傷神？

凡與「認知」相關的詞，一直是心理學的熱門題材。雖然它實際上就是「思考」的意思，但聽起來就是比較有學問。首先讓我們認識第一個認知現象，就是「認知吝嗇」（Cognitive Miser）。它說明的是我們人類在沒有必要的情況下，不會多思考。畢竟，大腦必須多休養！

而且有許多事情並不值得抓破腦袋思考，例如：為什麼存在稅務機關？為什麼這裡說的都有意義？為什麼零不能當分母？

有些問題或許值得思考一下，例如：無人簽名的股東協議有效嗎？生命有意義嗎？如果有，是否看得出來呢？為什麼有些人會明知故犯？就是這類的問題會讓認知吝嗇發生作用。吝嗇傾向越強，找出答案的意願就越低（意願高的人，推薦去閱讀本書的系列作《廁所裡的哲學課》）。每個人內

心都有一個認知吝嗇，只是各自強度不一，而且也可能視主題而有所不同。例如，談到化學公式、電腦程式語言和家電的技術細節時，廁所心理學家的思考吝嗇就非常明顯。

結論：我們的大腦有點像電腦硬碟，不能同時處理太多事情，而保護機制就是思考吝嗇。然而，它也會阻止我們吸收高度有趣的思想甚至接受教育，而假使我們的認知吝嗇十分明顯，我們的世界觀就可能會變得像一個孩子撒野時的世界觀那樣狹隘。

第 39 堂課

小測試：我的認知吝嗇強度

問題 1：我是否會經常自問生命的意義？

A：會，常常問。

B：不會，很少問。

C：這是什麼無聊的問題，每個月月底有錢入帳就好了。

問題 2：我是否會經常自問所為何事？

A：會，我會時常反省這一點。

B：最好不要，不然可能會遞辭呈。

C：乖乖去上班，不要胡思亂想。

問題 3：當我不理解一件事時，是否會主動努力探索？

A：當然會，沒明白前，絕不善罷！即使要花上好幾小時
的生命。

B：有時會，有時不會。取決於事情對自己的影響有多
大。

C：多學無益。

以上答案可以顯示出認知吝嗇的程度：選擇越多 A，認知吝嗇越不明顯；選擇越多 C，腦袋裡的硬碟使用程度就越少。

第 40 堂課

思考機率的模式

這個模式的名字真是如此，本質就是丹尼爾·康納曼（Daniel Kahneman）的著作《快思慢想》（Thinking Fast, Thinking Slowly）中所描述的現象。這個模式並不是用來侮辱反應慢的人的智力，而是檢視人們何時會真正思考。也就是說，它和大腦的新皮質有關，而不是腦幹。

這個模式陳述如下：當一個信息傳遞給一個人時，重點是這個人是否有動機以及能力處理每一條信息。模式在此顯示：只有當我們真的有興趣處理某件事，而且不會覺得太複雜時，才真正去執行。說得好聽些，就是會經過中心路徑處理。所以是真的思考過。而那些像是「為什麼我都改了，女朋友還是一張臭臉？」、「為什麼有些人即便有社交距離的規定，還是靠得很近？」、「為什麼只要把切格瓦拉的臉印在 T 恤上，就能賺大錢？」等疑問，都屬於適合反思的題目。

如果對於一件事情既無特殊動機也無能力去思考，那麼根據思考機率模式，整件事情就會自動穿過腦幹。還有一些事情反正很清楚，所以人們也不會有反思的動力，例如：討厭去看牙醫、第一次和未來的公婆見面很奇怪、所得稅不能直接從娛樂稅中扣除。

　　廁所心理學家的自私結論是：人們打從根本就有所不同，並會根據主題區分對某事或某人的思考程度，而這也沒關係。對於已有明確想法的主題（也就是大部分的主題），我們反思的動力很低，因為已經有了一個想法。所以確認偏差、認知吝嗇和思考機率模式三者可以合作無間，共同為我們大腦免除過多的壓力和複雜度。

第 41 堂課

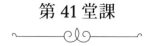

確認偏差

人類基本上喜歡自己是正確的。正因爲我們喜歡正確,所以會在心理內置一個強波器:確認偏差,英文是「confirmation bias」。這種傾向尤其能在那些德意志帝國復辟者、陰謀論者,以及曾手握要權的白種男人身上看見。

確認偏差闡述的是,一旦我們對某事或某人形成了意見,就會稍微客觀、中立地評估信息。但是當我們對某事或某人有了既定看法之後,自然也希望自己是對的,同時也會盡力讓個人的世界觀不受損傷。所以人們爲了提高這種可能性,就會特別注意和記得那些可以支持自己觀點以及世界觀的訊息,同時貶低與選擇遺忘那些相矛盾的。現在甚至還有一個標準術語,就是我們會把它們直接視爲「假新聞」。

確認偏差十分好用,因爲它可以讓我們不必每三天就改變一下自己的世界觀或是對各種事情的態度。它的缺點則是會讓我們變得很固執,最糟的情況是將自己帶入同溫層。也

就是說，我們用自己的意見對外開槍，但也將自己包圍在裡面，不讓任何事物靠近。如果想要有效減低確認偏差，記住菲爾柯林斯（Phil Collins）[27]，這位可說是後現代主義最重要的哲學家之一的歌詞會有所幫助：「你總是需要聽到故事的正反方」[28]。

　　還有一個要注意的是，確認偏差會隨著年齡的增長而越來越嚴重！ #oldwhitemenwithconfirmationbias

---

[27] 當代英國搖滾樂與流行音樂的樂手。

[28] 源自歌曲《You always need to hear both sides of the story》

第 42 堂課

第一印象

　　確認偏差顯示了第一印象對後續會造成的影響有多大。人們往往很快會對其他人產生印象，嚴格來說，僅在幾秒鐘之內。第一印象取決於一個人的外表、氣味以及讓我們聯想到的人，當然還有當下的心情。這些因素決定了人們在很短的時間內會把對方放入好感、反感或無關緊要（也就是「無所謂」）的任一抽屜裡。之後要將一個人從一個抽屜取出換到另一個，就會十分困難，因為人畢竟喜歡自己是對的。為此，讓我們來做一些思考體操：

　　例如我們會使用截然不同的形容詞，來闡釋兩個不同人的相同行為。第一個人我們會說那是自信，第二個人則會說是獨裁。同樣都在好感抽屜裡的兩個人，我們會說一個人是在「做夢」，而另一個人可能是「還在平行時空」。所以愛因斯坦會說，分裂一個原子比改變偏見更容易。儘管如此，第一印象也往往讓人驚嘆它的準確度。這也難怪，畢竟人類的

直覺是從存在的第一天就開始培養的。

儘管如此，廁所心理學家的建議是

　　相信你的第一直覺，但別把抽屜鎖起來。不然就可惜了一些太早被關在反感抽屜裡而瀕臨凋零的友誼。

第 43 堂課

認知失調，或多少可以忍受一點自相矛盾

人總是希望自己的想法可以保持一致。但這往往不是那麼容易的。如果是因為有道德上的考量，還可以拿馬丁路德當藉口，他也是根據自己的經驗知道，人既是聖人，又是罪人。

態度與行為之間往往有些斷層：開 SUV 休旅車但是投票給綠黨的人、去土耳其小吃攤的納粹份子、還有抽煙的醫生，都可以分享很多這樣的經驗。所有這些現象都會被心理學以一個浮誇的概念「認知失調」（Cognitive Dissonance）來稱呼，其實就是彼此相互矛盾的思想。由於人們希望能與自己和平相處（＃一致性需求），所以會希望盡快擺脫這種非常不愉快的感覺。

最容易的解決方法是改變行為。然而，這通常會與「內心的豬狗」相衝突，因此重新解釋以及牽連別的事會成為另一個吸引人的選擇。尤其是那些老煙槍，他們很清楚吸菸對於

自己健康造成的影響，就好比長期罹患新冠肺炎一樣，所以會提出一些例如「煙熏食品的保質期更長」，或是「我奶奶也照樣活到八十五歲」等，讓人感到啼笑皆非的說法。

　　這種機制基本上也是一件好事，因爲它確保我們的世界觀多少能保持邏輯和連貫性。可惜這也爲人們找了一些粗糙的藉口，而不是像 #lifestyle #changes #4thebetter 這麼好聽。

第 44 堂課

可得性捷思法

可得性捷思法（Availability Heuristic），光看字眼就很不得了。一般來說，捷思法指的就是快速思考獲得結論的方法，像是「銀行家都愛錢」、「RTL II 電視台[29]的節目沒有營養」或是「男人都是豬」之類的論述。這種快速方式不一定對，但無論何種情況下都非常有效率，因為一旦事物被概化，人就不必多思考。認知吝嗇會表示由衷的感謝！

從心理學的角度來看，可得性捷思法是一種非常有趣的快速思考方法。它意味著在我們的腦海中，總是有一個人、一個情況，或一個群組相關的抽屜可供使用。例如：當你請別人腦中想一種顏色讓你猜，通常「我認為是紅色」這個回答會讓他們感到驚訝。這個答案基本上是十拿九穩的，而且會讓你瞬間成為一名正式的廁所心理學家。類似的情形還可用在猜工具時的答案是「錘子」，以及猜從 1 到 10 之間的數字時的答案是 7 等。

除了這些共同點之外，個人可得性捷思法的內容在心理學上也十分耐人尋味。因為如果問到自己感覺心動的人時，馬上出現在腦海的不是目前的伴侶，那自然值得深思……

<hr>

29 德國民營電視台。播放的節目素來不具好評。

第 45 堂課

基本歸因謬誤

　　庫爾特・勒溫早就認爲，人類的行爲要不是與所面對者的性格有關，就是與情勢有關，但是關鍵自然是當下的情況。

　　所以如果一位大男人主義者心情不好，一方面可能是因爲他本身脾氣暴躁，但也可能是因爲髒碗筷已經堆了一個星期沒洗，從一開始生活在一起就這樣，暗示對方幾次也被當耳邊風。

　　我們已經在前面的課程中了解人類是認知吝嗇鬼（哎呀！你們已經忘了！雖然……你們對吝嗇的大腦也無能爲力）。所以當我們必須從人格和情境之間選出解釋人類行爲的原因時，通常會選擇人格。某某人這樣做是因爲他就是那樣，而不是因爲情況使然。理查在演講時交叉雙臂，當然是因爲他的個性就是不近人情，而不是因爲他剛好覺得冷。

隔壁公寓很吵，當然是因爲隔壁鄰居是缺乏公德心的 XXX（也可能是個 XXX）。我們很難想像他是因爲正在爲難搞的親戚（大聲抱怨這個和那個）做飯，所以很可憐，值得我們同情。

情勢時常改變，所以它們較難作爲解釋行爲的依據。最重要的是，它還需要我們能夠分辨和評估情勢。廁所心理學家在這裡的警告是：這種假設通常不太可靠！

相對的，用個性來解釋行爲要容易得多，因爲它相對穩定些。然後大家就會喜歡說「他就是這樣」或「她一直都是這樣」之類的句子。老闆們則會說，「他／她很適合」或是「他／她沒這能力」。這意味了使用人格來解釋行爲在認知上的要求較低。而人又是認知吝嗇鬼，所以人們在系統上更喜歡這種類型的解釋。心理學稱之爲基本歸因謬誤（Fundamental Attribution Error）。

第 46 堂課

歸因方式：
該怪誰？自己還是別人？

我們會將成功和失敗歸就於何，是一個高度中肯的問題。圓滿結束一場約會，是因為我們個人風趣、迷人且無微不至，還是因為對方根本沒有其他的選擇？我們回答這個問題的方式，也流露出個人的情緒狀態（以及我們的自信程度）。這種原因歸類在心理學中稱為歸因（Attribution）。

基本上，歸因方式會以 2×2 模式形成：原因是自己，還是外部環境（即上一堂課提到的人或情勢）？另外就是原因是穩定的抑或會變動？如此會形成以下的歸因模式 ：

	內在	外部
穩定	能力	任務
變動	努力	幸運或倒霉

讓我們舉個例子，比如獲得夢寐以求的工作：

	內在	外部
穩定	我就很棒啊！我一直都知道，現在其他人也發現了。	如果試了那麼多次都辦不到，就會被笑死。
變動	我真的把頭都洗下去了，這個成果是對所有努力的公平回報。	純粹是運氣好，與我個人無關。

失敗的情況下（沒有得到夢想的工作），這時模式就會變成：

	內在	外部
穩定	絕對和我以及我的能力無關。	根本就是有內定了。
變動	我當然已經盡我所能了。如果其他人太笨而看不出來，也不是我的問題。	不投他們的緣也不是我的錯。

第 47 堂課

人類的資訊處理：象與騎象人

　　強納森・海德對於人類如何處理接收到的資訊下了一個精彩的比喻：他將我們的潛意識視爲大象，而意識則爲騎象手。這個比喻是基於以下三個有趣的理由。

　　首先是絕對的質量：一頭大象的重量超過兩噸，而一個人通常介於六十到一百公斤之間（當然所有的規則都會有例外！）。我們現在已經知道，人們有意識處理的訊息量不到全部的百分之十。因此，大象的質量可以清楚說明無意識有多龐大。

　　其次，大象的記憶力非常好：牠們會記住水源，還會記得社交互動，有時還能長達數十年之久。這好比我們的潛意識，只不過太多是源自於童年時代……

　　第三，大象基本上是溫和的：不過一旦牠們生氣或感到不安，就會一發不可收拾，難以快速平復。如果你們睡前還心

事重重的話，就可以想像一頭名為「四處奔騰潛意識」的大象是什麼模樣。

這個資訊處理模式說明了，首先有了資訊，隨後是原始直覺（即大象），接著是後來附上的合理化（即騎象人）。我們可以如此具體想像：當人們首次見到一個人時，大象會朝著好感、反感或無感的方向奔跑。由於人們理所當然的會希望自己是對的，所以這個保持一致性的需求會導致確認偏差。這時意識就成了潛意識的新聞發言人，然後會特別選出並強調符合第一印象和既有判斷的那一部分。

由於新聞發言人的任務也包含了在外界批評和反對的情況下，持續捍衛自己觀點而不被其他意見混淆，這個大象與騎象人的比喻對於說服他人一事也造成了一個重要的後果，那就是事實的影響有限。而這也是為何要善用影像和價值觀說話，因為它們甚至能為難以駕馭的大象留下深刻的印象。

第 48 堂課

智商：只是智力測驗的結果

　　我們所有人當然都很聰明，至少我們如此咸信。經過科學證明的智力測驗則可以驗證這個大膽的主張。

　　從心理學的角度來看，用智商衡量智力是件好事。事實證明聰明的人活得比較久、比較健康，比較成功，賺比較多的錢，也（與日常心理學八卦相反）比較有社交能力，尤其是在面對新的問題時可以快速思考並解決。

　　而智力（Intelligence）這個概念，是從拉丁語的動詞「intellegere」衍生出來的（＃臭屁），意思是「領略」或「理解」。

　　只是好笑的是，我們還是無法解釋究竟什麼是智商。反而回到心理學最具傳奇色彩的定義之一：「智商是智力測驗的結果」☺乍聽之下非比尋常，但其實就是一種心理標準，因為每個理論都是以某種方法（主要是通過問卷調查）來衡量的。

但是，這也表示人們不能將不同測試所獲得的數值互相做比較。對你們來說，那就代表先搞清楚不同測試的重點，然後選擇一個適合自己的來做 ☺

　另外，如果重複參加相同的智力測驗，獲得的分數就會越來越高，結果當然也有些失真。但是由此卻可以得出一個結論，就是智商不是一成不變的，而是可以藉由生活方式改變。單調無趣的工作、看太多民營電視台的節目、長期參加毒趴和不看書，都對智商相當不利。相對的，多變且要求腦力的工作和終生學習，則有助於提升智商。

第 49 堂課

多元智能理論

　　不同的智力測驗會產生不同的結果這個事實，原因其實就是根本沒有所謂智商這樣的東西。所以加德納（Howard Gardner）在八十年代提出了多元智能理論，確認了七種智能類型：

① 語言智能：

　　我可以用自己的語言聰明表達，而且其他聰明的傢伙也了解！

② 邏輯數學智能：

　　公式怕我，我不怕公式！

③ 音樂節奏智能：

　　我分得出基本節拍，而且不會以為莫扎特是種巧克力！

④ **具象空間智能：**

我會停車也看得懂地圖！

⑤ **肢體－動覺智能：**

我知道如何擺動，懂得律動，而且不會大手大腳！

⑥ **人際智能：**

我真的了解別人的情況。這類的智能會因為上了廁所心理學家提供的課程自動提升！

⑦ **內省智能：**

我認識自己的情緒、優點、缺點、動機和性格特徵。如果有仔細閱讀前面的章節，且反省思考過的話，這項智能也會增長！

所以多元智能理論比較有意思，而且具有一定的開放性。沒有一個數字可以將人歸類至某一個（正常的、聰明的、愚蠢的）特定抽屜裡。這七種類型智能中的任何一種都會被發掘到，都足以增加每個人的自我肯定。

但唯一的問題則是，所有這些智能都無法獲得科學證明與證實。因此，我們在這部份比較像停滯在投機的領域。不過，由於在多元智能理論的範疇裡，即便是「瞎貓總能碰到死耗子」這個事實也著實令人鼓舞，因此這個概念還是在教育界中深受喜愛。

第 50 堂課

情商：一個不再被熱議的話題

自從上世紀 80 年代丹尼爾・高曼（Daniel Goleman）推廣情商的概念開始到現在，人們已經很清楚，那些單純在智商聰明，但在同理心卻是根木頭的人，談不上是真正的聰明人。

因為根據情商理論，能考慮自己行為會對他人（當然還有個人）引發何種影響，是種智慧。因此，我們也可將這種智能稱為「社交智能」。情商高的人在辦聚會時，會注意到那些看似無聊或獨自站在角落的人，並將他們介紹給其他與會人士，使他們融入他人當中。情商較低的人則會往「那是他們自己的錯」或是「誰邀請／帶來這些人？」這方向去想，甚而乾脆忽略這些人的存在。

廁所心理學家對提高情商的超有效建議

① 與不同類型的人交談。總是相同的意見與觀點無助於向前邁進。

② 正確傾聽並理解對方所說的話。偽善無法提高情商，但誠實可以。

③ 嘗試從對話者的角度看待事物（最佳的實踐方法！）。試想對方是如何得出這樣的觀點？正是這種同理心以及接受觀點的能力，才能大大地提高情商。

④ 時時聆聽自己的聲音，因為從想法而言，情商是雙面的（我如何？別人如何？）。

⑤ 閱讀小說和古典文學也對提升情商有所幫助（這部分雖然證據不盡相同，但至少有跡象顯示），因為故事裡頭往往包含了複雜的角色和情節。再者，如果閱讀莎士比亞和歌德不僅可以顯得有學問（臭屁的概念：贏得卓越肯定），還有機會同時提升智商，何樂而不為？

第 51 堂課

我們不都是天才嗎？

非也！

嚴格來說，如果天才的意義是所謂的高智商，也就是 IQ 超過一百三十的話，那世界上只有百分之二的人是天才。然而人類隨著時間的演進，也變得越來越聰明，教育普及、多變豐富的環境條件以及更佳的營養，都提高了人類的智商——自二次大戰以來，平均每十年提高三分。然而自二十一世紀以來，上揚的曲線已趨於平緩（肇因可能是 RTL II 電視台和各種消費電子產品），不過還是可以在發展中國家觀察到提升的現象。照這道理推演的結果，應該有越來越多的天才出現才是。然而，智力就像每個人的人格特質一樣，是相對的，也就是說，它是根據與他人相較所得出的結果。所以如果每個人平均都變得更聰明，那就不可能變得相對更聰明。

對於那些堅信自己孩子是天才的父母，可能是因爲：

① 眞的如此，但可能性不高（見上述）。

② 是一種自戀又以自我爲中心的謬論——我都這麼聰明了，
　 我的孩子當然是靑出於藍、更勝於藍。

第 52 堂課

天才與瘋狂？特曼資優研究

一個難以置信但卻真實的事：天才和瘋狂只在一線之間，這可能只不過是一個好萊塢式的故事，好讓一些白種老男人不必在他們處於最佳智力和藝術成就之際，還得開始努力有莊重的舉止。因為，以上種種都無法藉由經驗證明。

有一份傳奇的縱向研究 —— 特曼資優研究（Terman Study of the Gifted，又稱「天才遺傳研究 Genetic Studies of Genius」，多麼偉大的標題☺），探討了聰明人與認知正常者相比，他們的人生道路是如何發展的。研究結果顯示：十分順遂。他們的身心較健康、在專業上獲得較多成就、擁有明顯較高的學歷與較佳的成績（可預期之事），同時似乎也能順利融入社會。而且離婚率也沒有因而較高。不過這也可能與離婚在美國所費不貲有關，維持現狀反倒是明智之舉。

簡而言之：聰明的人不自動等同於異常，反而相反。

但是，你們應該要認識一份有關領導力的有趣研究報告，它表示：基本上，聰明的人會是較好以及較成功的高階經理人（＃有關白宮的笑話已經夠多了）。然而當高階經理人比團隊明顯聰明時（至少智商超出二十分以上），領導成功率就會降低。因為團隊往往跟不上領導者的智力高度，從而執行不力。

第 53 堂課

工作記憶，十分迷人！

　　我們人類有不同類型的記憶。可以從內容區分為兩類，一是構成我們對世界和事證知識的「陳述性記憶」（Declarative Memory），另一是有關個人和個人相關的「自傳式記憶」（Autobiographical Memory）。這些記憶有時會破碎而不完整，在陳述性記憶中表示「失憶」。

　　然而記憶還會被分成短期記憶、工作記憶和長期記憶。短期記憶只負責直接的心理過程，而長期記憶則負責人們長期保存的內容，工作記憶則是中間的步驟。它可以幫助人們解決問題、保存知識、邏輯思考，還有助於控制行動和衡量目標。

　　工作記憶的容量是否有限，與智力有直接相關——能夠同時思考和處理得越多，就越聰明。因此，有初步研究顯示，女性平均比男性略為聰明，也就不足為奇了。

重要的是，工作記憶是可以訓練的。心理學家瑞蒙‧卡特爾（Raymond Cattell）將智力分為流動智力（Fluid Intelligence，即工作記憶、注意集中力和感知能力）與晶體智力（Crystallized Intelligence，即已儲存的經驗知識）。而且他在這裡提出了會令所有商學院學生開心的投資假設：投入越多的流動智力，最終就會產出越多的固定智力。這有點像生產鋼鐵的過程。持續越多沸騰的鋼液（即熾熱的想法），最終就會獲得越多凝固的成鋼。

而且請記住：藉由工作記憶投資在知識上，比把錢存到銀行所獲得的收益要來得多。

～ 第四章 ～

溝通心理學

第 54 堂課

卡爾 · 羅傑斯

　　卡爾 · 羅傑斯（Carl Rogers）幼時的一個經歷，深刻影響他日後對人的看法及其創立的「個人中心治療法」。

　　時值二十世紀初期，當時小羅傑斯每年都會看著原本儲藏在地窖裡的馬鈴薯，漸漸發芽長出幼苗，然後爬往唯一對外的窗戶上，希望能接收到陽光，好成長為植物。成年之後的羅傑斯將此現象沿用到對人的看法上，並且得出結論：一個人即使身處最惡劣的客觀生存條件，也還是會努力（同時也應該）往實現自我以及發展個人的方向前進。而心理學以及心理治療的任務，則是在這條道路上陪伴他。這個概念在當時算是一個大膽、樂觀以及具有前瞻性的想法。其實從某種意義上來說，亞里斯多德也提出過類似的概念，只是太過久遠，所以遭人遺忘了。

無論如何，羅傑斯高度啟發了幾個世代的心理諮商師、社工人員以及團體諮商。他對人類會自我成長的信念可能看似天真，但十分實用。還有他提出的如何與他人交流的原則（即傾聽與了解），不僅歷久彌新，也充滿了心理智慧。

第 55 堂課

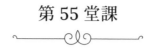

積極傾聽

許多人認為傾聽再容易不過了，只要豎起耳朵即可。不過卡爾・羅傑斯強調還有一種技巧，只要你們能夠善用，保證可以讓對方覺得你是實至名歸的廁所心理學家——他們不僅會自動獻上自己的電話號碼和名片，還會同時保證提供遠比你實際想知道還多的資訊。而這個技巧被稱為「積極傾聽」（Active Listening）。

積極傾聽的核心概念，包括以友善和耐心的態度傾聽、不做評論、用自己的話反覆總結對方所說的內容（類似所謂的「旁白」），並時而點頭表示認同。同時，內心的態度也要保持一致，也就是具有同理心（真的以他人的角度去感受），接受對方以及珍惜對方。這不僅社工人員可以辦得到，我們每一個人都可以。假如我們能時常積極傾聽他人，這個社會就可以少一些社工人員。

積極傾聽可以滿足人們多項的深層心理需求，包括想要被他人認同、希望自己表達的內容獲得他人反饋，以及追求真誠，因此，它絕對是一帖人際溝通的神藥。

　　且聽敝人這個廁所心理學家的一席話：外顯的技巧容易學習，內在的心態則不然，那需要能先具備善意、願意接納他人觀點，同時真的關心他人，才能養成，然而這些素養都剛好不是一蹴可及之事。

第 56 堂課

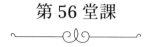

四耳模型

　　社會學家尼克拉斯・盧曼（Niklas Luhmann）有句名言：
「溝通是有風險的。」因為其中存在著誤解以及被誤解的危
險。而四耳模型（Four-sides model）則是人際溝通訓練
的絕對寶典，同時還充滿了心理學智慧。它的基本概念，是
每一個語言訊息都涵括四個層面：

自我宣稱層面

（The self-revealing level）

這已經超出我的容忍極限，
所以我必須有所表示。

事實層面

（The factual level）

浴室看起來
像豬圈。

浴室
「看起來像豬圈！」

訴求層面

（The appeal or plea level）

拜託快打掃！

關係層面

（The relationship level）

你不在乎我進去時的
感受。

第 57 堂課

溝通的五大公理

　　保羅 · 瓦茲拉威克（Paul Watzlawick）不僅是位出色的心理學家，同時也是位了不起的人物。他形塑了溝通心理學以及哲學建構主義（Constructivism）[30]，同時，他還提出「溝通往往是件自相矛盾之事」。許多我們今日看似理所當然的事，其實很大程度都要歸功於瓦茲拉威克。他所提出的五項溝通定理大大地影響人們對溝通心理學的理解。然而那些都是他對於「溝通」所提出的假設，而且是難以驗證的假設（就像數學分母不能為零，否則就會像電腦出現error404 一樣，無解）。這個舉動不啻為一個強有力的理論進步，因為無法證明之事，也讓人無法反駁，而且時至今日依然如此。讓我們將主題再度拉回到五大公理，它們有點像溝通心理學的五條憲法，聽起來學術味濃厚：

① **人不能不溝通。**
② **每一次溝通都有內容和關係的雙重層次，其中後者會左右前者。**

③ 人際關係的本質會由彼此在溝通過程中的觀點來決定。

④ 人際溝通使用的是類比和數位模式。

⑤ 人際溝通過程不是對稱，就是互補的關係，取決於彼此之間是處在平衡或差異的關係上。

廁所心理學家在此翻譯一下：

① 可惜人無法閉嘴。

② 當你有人際關係問題時就麻煩了，因為那比溝通的實際內容還重要。

③ 結束雙方對話者，即掌握了話語權。

④ 說話的方式重於內容。

⑤ 雙方有了共鳴，訊息才算被傳遞出去。

---

[30] 是關於哲學研究與其作用的探討。

第 58 堂課

好感與反感

人們常會情緒化又快速地將人進行分類，嚴格來說，就發生在短短幾秒之內。我們會對某些人有好感，又對有些人反感，對另外一些人則是無感。然而，好感究竟是怎麼產生的呢？好感「Sympathy」這個字源於希臘文，形容共同的激情與苦難。由此可以推導出心理的一個基本法則——因為共通性而有了好感。我們對於和自己有相同音樂品味的人、認同自己核心價值觀的人，以及分享相同政治觀點的人，通常都會感到親切。即便是在度假時，遇到來自同一地區的同胞甚至是老鄉時，當下也是好感油然而生（至於在進一步了解彼此後，是否依然能保持好感，就是另外一回事了）。除此之外，我們通常也會喜歡與自己在同一個群體的人（不過這原則不一定適用於家庭☺）。為什麼會有上述這些現象呢？因為人們會將與他人的共同點認定為對自己個性的認可，由於人們喜歡被認可，所以從而喜歡認可自己的人。因此，重金屬樂迷會對其他重金屬樂迷感到親切，但重金屬樂迷不一定對鐵克諾（techno）樂迷有好感。

相對的，反感在本質上主要源於雙方的差異以及對對方的否定，但是，當然也會因為個人與其曾有的負面經驗。對那些我們覺得愚蠢的人，我們自然會產生反感，就好比當素食主義者遇到熱愛厚切牛排的老饕時，他在情緒上自然會產生反感。總結以上的論述，究竟對於一個人會產生好感抑或反感這個問題，我們可以歸納出以下的簡單經驗法則：當我們與某人有些共同點時，就會對他產生好感，如果彼此隸屬同一個群體時，也會提高這個可能性。

廁所心理學家的建議

　　如果你希望別人對自己有好感，先 Google 一下對方的資訊，然後有意識地談論你們彼此間的共同點。不過，別太過頭，那反而會讓對方感到毛骨悚然。

第 59 堂課

周哈里窗：
自我認知與他人對自己認知的差異

讓我們想像有這麼一個世界，在那個世界裡，每個人對自我的認知與他人對自己的看法如出一轍。在那裡的每個人都了解自己與他人，所以彼此的誤解明顯較低，也不再需要心理學系的存在。

只是，這樣的世界不會太無聊了嗎？正是因爲這些個人對自我與他人對自己的認知差異，是如此地令人驚訝又難以預測，才使得人際互動與生活本身變得有意思。

溝通心理學理論有一個名爲「周哈里窗」（Johari Window）的表格，是由兩位美國社會心理學家魯夫特（Joseph Luft）和英格漢（Harry Ingham）所創立的（Jo+Harry = Johari），可以具體展示這其中的差異。

這個表格乍看簡易，但再仔細檢查時，就會發現其中充滿心理智慧：

	為我所知	為我所不知
為他人所知	開放的人	盲點
為他人所不知	個人隱私	未知

　　差異的產生來自於是否為個人所知，以及是否為他人所知。當一個人從他人之處獲得越多（誠實的）反饋，個人的盲點就越小，連帶對外公開的部分也越多，也就是個人的自我認知，別人也看得很清楚。像是玩桌遊「真心話大冒險」時，個人秘密通常會比較少。（至少在不是故意想要被罰喝酒、跳舞或親熱的情形下……）

　　以下範例旨在說明各區塊（窗）的含義。不影射任何真實存在的廁所心理學家。

	爲我所知	爲我所不知
爲他人所知	我說話又快又長。我自知這點，別人也知道。	我有些表達方式可能過於武斷。
爲他人所不知	看電視時，常會獨自一人掉淚。	因爲不知道，所以無法有所表示。

　　人們也有機會藉催眠或廣義的精神分析找出個人所不知的部分。不過，周哈里窗的重要價值在於，它啟開了人們對自我認知以及他人對自己認知差異的討論平台（除了喝茫的時候，否則有誰會在平時對人談這些）。這個表也顯示出，自我認知可以如何作爲個人發展前的先決條件。

~ 第五章 ~

動機心理學與正向心理學

第 60 堂課

動機心理學基礎

　　「動機」這個概念的原意不只有行動，還有影響，而動機心理學的主旨，在於解釋何爲促使人類行動的理由，箇中理由十分精彩，例如：對於某些人而言，最能讓自己全身感到舒體通暢的活動，是可以不顧法律限制連續數日參加毒趴；對於有些人而言，則是在市區裡享受田園之樂；而對於其他人而言，是可以沈溺在集郵的方寸世界裡。人類的動機，彼此間可謂是天差地遠。

　　然而各派的動機心理學理論皆認爲，一個人的動機傾向最終還是取決於兩個因素：一是當事人對該行動的重視程度，而另一則是，當事人是否期望自己付諸行動。所以我們可以用以下的方程式呈現動機心理學：

$$動機 = 重視度 \times 期望值$$

此外，人的動機總是會有正面的版本，以及負面的變相。有些人就是熱愛工作，喜歡忙碌（這種人確實存在）。同時，也有些人努力工作，只是怕被主管Ｋ，為了讓上司感到滿意。（這點常是年輕人收拾房間的唯一理由！）

也就是說，每項行動的背後都有一個原生的正向動機，然而為了避免負面影響的動機也具備強大驅力。那些總是在最後關頭才交出東西的人，肯定可用個人的痛苦經歷證實這一點。偉大的 StudiVZ[31] 上不是有句話：「在考慮是否有時間前，我還得先有動機。」

---

[31] 德語區大專院校學生的社交平台網站。

第 61 堂課

成就動機

有些人永遠無法落於人後，永遠自覺不夠好。玩牌時他們會計較分數，運動時會在意輸贏。他們喜歡引用的諺語是：「好是更好的敵人」或「不進則退」，也會說：「你表現得很差耶？」這就是四處都是閃亮耀眼的成就動機世界。這樣的氛圍世界保障 DIY 居家修繕販賣店、職業過勞療養院還有資本主義的生存壽命。

成就動機（Achievement Motivation）的核心概念，就是提升個人與某種標準較勁的能力。對於一位田徑選手而言，那可能是最後衝刺的時間；對於一位顧問來說，那可能是他收的鐘點費標準；對於一位郊區的民眾而言，那可能是院子裡的草坪要修得比鄰居還整齊。不斷超越自我（與他人）正是成就動機的核心。

一些事物自然也會因此伴隨發生。從正向的角度來看，抱持高度成就動機者可以完成的事務多到令人難以置信。他們會不斷向前推進，而且往往具有創新精神和創造力。「沒勁」或是「沒興趣」之類的字眼，幾乎不存在他們的字典當中。

然而這也正是他們的問題所在。首先，他們對於「放輕鬆」

一字感到陌生，即便那正是他們迫切需要的事。其次，他們常會因爲好勝心驅使，而忽視了其他如睡眠、親子關係以及社交等重要事務。第三，根據成就動機的定義，這些人永遠無法感到滿足，因爲人外有人、天外有天。第四，這些人往往會將對自我的要求，同時訴諸在他人身上，這使得他們自己無法成爲理想的團隊夥伴。

廁所心理學家的小撇步

可以嘗試對一個抱持成就動機的人說：「做得不錯喔！不過老實說，我覺得你可以做得更好。」他內心的睡獅肯定會被即刻喚醒，你們就等著看好戲囉！

第 62 堂課

權力動機

「權力」是一個大家都習慣迴避不用的字眼，因為它聽起來有負面印象，容易讓人聯想到黑箱以及操弄。雖然那些都是有可能的，但是權力動機（Power Motivation）本身，也如成就動機一樣，有著互相矛盾的面向。

擁有高度權力動機者，他們都有一個相同點——人人皆知，但非人人喜歡的公眾人物。他們是一群需要舞台和鎂光燈的人。就正向的角度而言，他們是一群具有感動、激勵和策勵他人能力者。然而，一旦有人侵犯他們的權益，下場就值得堪憂。因為被權力驅動的人喜歡將世界視為零和遊戲，他們奉行的圭臬是：權力只有一個，我得即你失。（反之亦然，只是他們心中不存有有此選項！）

這些保持高度權力動機的人，他們處理人際關係的能力，剛好與一般業餘心理學家假設的相反（我們廁所心理學家可是與他們劃清界線的！），毫不缺乏。因為傳統上人們會將權力視為一種能力，一種可以抵抗其他阻擾力量，執行個人意志的能力。（這是韋伯 Max Weber 這個老糾察隊對權力的定義！）所以當一個人想要達到這個目的時，他就必須熟稔運用各式處理人際關係的方法，從奉承、理性說服到威脅

等等。只是這類的人有時會缺乏同理心，也不會顧及他人，因為他們的個人利益是優於一切的。

我們有兩個重要的分辨方式，可以區分權力動機的好壞影響。首先，當事人是將這個權力用在他人還是自己身上。像是極限運動員、苦行僧以及一些素食主義者，他們是藉由感受自己對個人身體的支配力量，而鞭策個人行為。只是權力動機在傳統上，是針對他人的。廁所心理學家想在此分享一件小趣事：有人問一位律師，為何選擇研讀法律，結果得到的答案是：「這樣就沒有人可以欺負我了。」

如果權力不是運用在自身，而是他人身上，就符合我們傳統對權力的想像——驅動他人做某事。

第二種區別全力動機的方式比第一種更重要，就是分辨權力動機的目的，是為了社群還是為了個人。所謂為了社群的權力動機，表示的是一個人將權力作為資源來實現目標。像是學生在課堂上吵鬧，老師會予以警告；政治人物使用話語與公權力；好友為了你好而想影響你。以上種種都是屬於正向的，為了社群的一種權力動機，而且這種動機往往具有成效，而且可以快速推動。

然而當一個人沈迷於權力，而且將其影響用在個人私慾時，情況就會變得糟糕。最好的例子就是美國前總統川普，他吹噓自己是「一位穩重的天才」，對於自己新冠肺炎的記者會擁有高收視率，還大肆慶祝。

此外，一些喜歡羞辱或解僱員工的老闆也屬於這類的例子。有一個簡單的經驗法則：為了社群的權力動機一般是無害的，甚至還會被人們期待，相對的，為了個人的權力動機往往不見容於社會，甚至不少時候是具危險性的。

以下是廁所心理學家的小撇步

面對抱持明顯權力動機的人，你們可以如此激勵他：「我希望你明瞭，你是我最重要的人。我相信只有你才能解決這個問題。當然，你也可以向整個團隊證明你有這個能力。」想要激勵，或小小操弄抱持有權力動機者的最佳方式，就是巧妙地奉承。

第 63 堂課

親和動機

所有人，除了精神病患者，都希望被他人喜歡。這種渴望在具有強烈親和動機（Affiliative Motivation）的人身上尤為明顯。

　　擁有高度親和動機的人，會因為別人給予自己溫暖、對自己信任、與他人的關係、對他人的愛和被愛，而感受到激勵。對於這些人而言，能與其他人在一起就是一種鼓舞。哲學家沙特「他人即地獄」的說法，既不存在這類人的腦袋裡，也與他們的本性相違和。

　　喜歡四處打電話串門子、不喜歡獨處，尤其還怕遭軟釘子的人，可能都是有強烈親和動機的人。這些人通常為人和善，而且善解人意，唯一的問題在於他們打從心底以為其他人也如同自己一樣。這種所謂的「自我參照效果」（Self-reference Effect）會不時導致自己被他人利用。

　　此外，抱持高親和動機的人厭惡衝突的程度，簡直就像魔鬼討厭聖水一樣。這類人期望人際間的互動最好能像在馬場餵養小馬時一樣，永遠一片祥和。只不過，並非每匹馬都只會靜靜地吃草。

還好這類人會受惠於一種心理機制，也就是「自我驗證預言」（Self-fulfilling Prophecy）[32]。因爲他們會對他人展開雙手，本身又平易近人，所以通常可以獲得正向的回饋。尤其在大多數的情況下，爲了發展和加強人際關係，他們還是能積極傾聽他人的專家。

在職場上，尊重他人以及欣賞個人是這些抱持親和動機者的要項。不過事業也非他們生活的首位，反倒是家庭、伴侶關係和友誼才是。這對他們而言，也是件好事。

廁所心理學家的小撇步

　　如果你們想激勵一個有親和動機的人，只需要說：「我喜歡你。」

---

[32] 指人們先入為主的判斷，無論其正確與否，都將或多或少地影響到人們的行為，以至於這個判斷最後真的實現。

第 64 堂課

行動和狀態導向

有些人會先思考，然後（也許）才行動，而有些人則會先行動，然後（也許）再思考。這是行動和狀態導向（Handlungs-und Lageorientierung）的核心概念。

讓我們拿足球比賽來比喻好了（理論上早該拿出來用了，只是到目前為止還未有適當機會）： 擁有世界盃記錄的射手克洛澤（Miroslav Klose），身為一位前鋒，就必須事先站上一個可以傳球或邊路傳中的好位置（克洛澤在這方面一向很出色！）。但時間上並不容許他多思考，而是必須適時地直接反應。也就是說，他必須將自己的行動訓練到能夠快速且近乎本能的反應。這種足球場上的「射門本能」，即是心理學上的行動導向：關於實現目標、主動出擊，並且展開行動。認知吝嗇也在此徹底展現。

然而中鋒球員則不同。像克羅斯（Toni Kroos）這樣的

中鋒球員，他必須思考該將球傳給誰，以及賽事的發展方向。他需要用「眼睛」觀察，也就是說他必須明智考慮，然後採取相應的行動。而這完全符合狀態導向。

我們可以從這個小小的足球對比範例，清楚地看出兩種導向的優點是不分軒輊的。這兩者也都會出現在日常生活中，因為有時我們必須三思而後行。（假使有位論及婚嫁的人從首次約會，就對我帳號存款深感興趣的話，我是否得考慮先簽個婚前協議呢？）只是一般而言，人們用行動導向處理事務，可以明顯輕鬆許多，其中的原因或許也很簡單，因為可以少用點大腦。

外顯方式	行動導向	狀態導向
行動	輕舉妄動	謀定後動
思考	少	多，甚至太多
重視的點	機會	機會和風險
處理失敗的方式	爬起來繼續	反覆思量
產生的原型	足球的前鋒員	哲學系學生
缺失	整體考量、評估風險	起頭、保持樂觀、有自信心

第 65 堂課

態度與行動的關係

　　我們人類通常以為，態度會形成行動。尤其是為人父母者，總希望自己傳授給孩子的價值觀，能反映在孩子的行為上（所以當他們收到孩子的學校成績單時，往往會感到失望）。

　　而日常生活上許多說法，也是以這種態度與行為的關係為出發點，像是人們會說「先有滿意的員工，才會有積極進取的員工」，或是「精誠所至，金石為開」，以及有些人在一夜狂歡之後，會發下「接下來的四週滴酒不沾」之類的豪語。然而，這些說法都有一個共通問題，就是態度與行為之間的關係並非如唇齒相依般的緊密。僅僅因為我們想要某樣東西，並不意味那真是我們夢寐以求之物，也不代表那是我們在通盤考量如何實踐個人意志後，所做的決定。就好比許多人希望能改善畜牧動物的養殖環境，但是當他們面對超市會因此而提高義大利香腸的售價時，就會將原來的期望打折扣。

根據心理層面上的反應顯示，更有可能是行為塑造了一個人的態度。例如當我們幫助他人後，內心往往會升起一股暖意。還有只有當我們全心投入一件事時，才會發展成為真正的抱負。這些現象的背後原因是因為我們時常在事後合理化自己的行為。當我們行動時，關於自己為何會有此行為的意見也會形塑而出，好用來自我辯解。

但是往這個方向會讓我們得到一個結論，一個偉大的亞里士多德也認知到的事實：人類不是經由教育來學習，而是經由正確的行動。在將近兩千五百年後的今天，我們還是可以在這句話前打個大勾勾。

第 66 堂課

擴展型認知動機模式

　　想取得廁所文憑，就得具有一定的程度，所以我們在此介紹一下高年級才會討論的動機模型——擴展型認知動機模式（Extended Cognitive Motivation Model）。它的概念如下：

> ### 狀態→行動→結果→影響

　　讓我們以數學考試為例。一位高度期望現狀會決定結果的人，將會如此說：「我數學很強，所以完全不用準備。」假使那符合真實情況，那麼他的學習動機自然和馬里奧・巴特（Mario Barth）[33] 單口秀的內容水準一樣，十分有限。

　　而對行動會決定結果抱有高度期望的人，則會說：「如果我卯起勁學習，肯定能有收穫。」我們可以將這種期望稱為「自行效能」（Self-efficacy），因為它當然會加強動機。相對的，如果他說「欸，無論我窩在書桌前多久，也都一樣

搞不定」，那就表示他對行動能產生結果的可能不抱期望，行動動機自然也低。

還有一個會影響行動動機的因素，也就是所謂的行為誘因。例如，當一個人喜歡自己該做的事，動機自然會增加。不過以我們舉的數學考試例子，應該不會有此狀況。

認為結果會產生影響的人，往往是因為最終的結果與自己相關。像是一個人的自信來自於成績（＃學霸！），就是這類的情形，同樣的，那也可能會讓一個人覺得自己＃笨或＃智力有限。然而，如果有一個人抱持著無所謂的態度，並對自己說「無論是拿滿分或抱鴨蛋，對我都沒差」，且實情也是如此的話，那麼對於結果會產生影響的期望——也就是所謂的工具性——就非常低。

以上種種描述都可以推導出基本的人類動機規則，如下：

當我相信必須採取行動才能實現某事，而且那不會憑空出現時；

當我相信行動可以帶來預期的結果時；

當這個結果與我相關時，

→那我就會被徹底激勵。

　　與上述描述的狀況差距越大，動力就越低。所以我們可以用擴展型認知動機模型，從「完全沒興趣」到「動機十足」，來清楚解釋人類的各種動機強度。

---

33 德國單口秀演員。

第 67 堂課

能力動機

　　有些人似乎只需按個鈕，就會馬上精神煥發，早上一起床就躍躍欲試；而有些人早上連喝了三杯咖啡，卻完全提不起勁。臭名昭彰的拖延症，就正好不幸地與個人動機十分低弱有關。

　　然而，上述兩類人的差異，不單純在於基本動機不同。雖然那因人而異，但就實質內容而言，「能力」動機更引人入勝。它指的是一個人內在潛意識裡的動機，理應會與實際且有意識的動機一致。

　　也就是說，一個人會去做一些覺得能激勵自己的事。例如，當我帶著強烈的權力動機從事政治類工作時，那麼我的動機便能激發我的能力。但當我是以高度的成就動機去做時，則不然。而若你是高度成就動機者，在從事民間企業工作時，你的動機肯定能激發你的能力，但是在行政機關工作時，當一切都得花較久時間，且大家都喜歡放慢速度，則往往讓你提不起精神。

問題在於，想找出能真正激勵我們個人的因素並不容易。白日夢、所謂的心流體驗，以及無意識自發重複的事，都可以在此做爲重要線索。

能力動機會有以下的問題：

① **我真的喜歡這些自認有興趣的事嗎？**
② **我能從自己積極參與的活動和環境中，發現激勵自己從事的真實原因嗎？**

能力動機的特殊之處在於，它是一個好的不能再好的組合，因爲它只會產生正面的結果。人們不論在身體上和心理上都會因此更有動力、更有效率以及更健康。所以關鍵就在於如何能深入了解個人真實的內在動機。

廁所心理學家的自我反省撇步

① 白日夢不會說謊！

② 你的朋友認為什麼事能激勵你？

③ 你會全力投入哪些活動？

④ 非常重要：如果你有一週的時間，而且無須考量金錢，你認為能激勵你去做的事，是否與你想做的事一致呢？

第 68 堂課

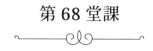

心流體驗

　　或許你們也會有過這種完全投注在某項活動的經驗——全然忘情專注於在眼前的活動，只因為其樂在其中。恭喜您有了心流體驗（Flow Experience）。

　　這是由一位充滿傳奇色彩的心理學家，米哈里・契克森米哈伊（Mihály Csíkszentmihályi，如果你能正確唸出他的原姓，我請你喝啤酒）提出的概念。他認為當我們對某件事物感到有興趣，同時本身擁有的技能也符合需求時，我們就會沈浸在心流當中。當我們的能力大於所要求時，則會感到無聊，那就好比小山丘對職業滑雪選手來說只是牛刀小試；而當我們的能力有限，感到力不從心時，就會不知所措（可能會像首次約會時一樣）。然而一旦興趣、需求與能力同時到位時，我們就會完全忘我，一發不可收拾。這也解釋了為何會有終日埋在書堆、沉浸在衝浪活動，以及忘情於電音派對的現象。

根據心流研究的發現，當人在從事性行為、重機以及滑雪等事物時，心流沉浸度最高。不過，這是依據調查樣本主要為男性的研究結果。

有趣的是，有些人甚至會全神貫注在洗衣服或打掃清潔這類事務上。我們稱為「微弱心流」（Microflow）。

心流體驗理論有三個超實用的成果。首先，我們知道該如何回答「什麼可以讓我們快樂？」這個問題，答案就是「能讓我沈浸其中的東西」。再者，當個人能力與被要求的技能匹配度越高時，心流就會越強。所以任何一個可以駕馭高速摩托車或滑雪板的人，肯定都能領會這種「深流」（Deep Flow）。這表示，擁有一項技能不僅有助於就業，還能增進個人幸福。第三，有助於自我反省：當我從事一個工作，無法真的進入心流時，表示那可能不適合我，也進而不符合我個人的內在動機。因此，如果情況允許，我應該從事其他更能激勵自己，並能讓自己進入心流的事務。

第 69 堂課

拖延症：一個新型的生活方式

　　現代人事情沒辦完，卻又想說得文雅一些，常會說：「我只是推遲一下。」還會配上一個新波西米亞式的態度，好像描述的是一種美德，而非個人的怠惰、得過且過的態度，甚至是缺乏意志力。

　　讓我臭屁一下，拖延症「Procrastination」一字源自拉丁語，「pro」指的是「向將來，向前」，而「crastinum」則是「明天」的意思。直譯就是「把事情推到明天」。這聽起來雖然不怎麼嚴重，但是這個明天卻可以無止境地重複……

很多人其實根本不想把事情一拖再拖，但是最後還是發生了。原因無非是有其他更吸引人的選擇——如果有機會在溫書還是開趴之間、玩站立划槳或是接受牙齒根管治療之間做抉擇，人的偏好便立馬見真章。

第二個原因則是類似以下的情形：我必須下定決心，是否該著手準備申報所得稅，但如果我不馬上開始，就能獲得短暫的快感，因為可以不必馬上面對各式如整理報銷單據、填寫出差里程數等種種煩人的事情。也就是說，有個所謂「短期偏好」的心理現象會不停告訴我們：「做些輕鬆一點的事情吧！」只是它不會讓原本的任務憑空消失，有時甚至會隨著時間的推移，變得令人更加不舒服。箇中原因是人會有罪惡感，再者，有時拖延的後果明顯更慘——像是拖太久才去看牙醫、逾越截止日期，還是逾期申報納稅。

而後者也通常是促使我們最終還是著手進行的主因。直白地說，就是當我們主觀認為，不做的後果會比自己的百般不願更嚴重的時候。所以，愈不情願，拖得愈久。

因此，我們的生活應該要像一間公寓，時常保持整齊。其中的訣竅，就是處理和清除那些自己不喜歡和困難的事物，而非只是把它們挪來移去。試著把這番道理說給內心那兩個叫「習慣」和「苟且」的寵物聽吧！

第 70 堂課

對抗拖延症的實用守則

① 三秒法則：

當你考慮是否要做某事時，請勿超過三秒鐘，立馬開始吧！因為實證顯示，所有的疑慮都出現在三秒鐘後。

② 切香腸戰術：

把令人不快的任務如同切香腸般，逐段解決。

③ 媽媽策略：

就像小時候媽媽會用獎勵方式誘導我們完成不愉快的任務。現在我們就自我獎勵。

④ 制裁策略：

當內在負面消極態度太強大時，可以和他人協商逾期時的自我制裁方式。如此，自己可能會為了避免輸掉賭注，而去克服內心的不情願。這方式通常對有權力動機者十分有效。

⑤ 反思策略：

　　如果症狀是有關安排休閒活動，例如老喊著「我得找個機會和某人見面」，卻遲遲未成行，那是自己其實不願意的明顯跡象。對抗的策略就是面對這個事實，並且接受。

⑥ 吃青蛙策略：

　　如果一早起床先處理自己最討厭的事，接下來無論遇到多麼麻煩的事物，都可以游刃有餘。不過這個策略僅適用於那些在早晨就有一顆清晰腦袋的人。

第 71 堂課

〜❦〜

使用艾森豪矩陣制定優先順序

艾森豪（Dwight D. Eisenhower）這個人十分了得。他不僅曾擔任過美國第三十四任總統，還是二戰時期盟軍的總司令，他不只高爾夫球球技精湛，還精通繪畫，尤其特別的是，他能同時樣樣兼顧。沒有他，就不會有這個現代時間管理策略的經典理論——艾森豪矩陣（Eisenhower Matrix）。這個矩陣是依據任務本身的重要性和緊急性，決定該在何時以及用多少專注程度來完成：

待辦事項	不重要	重要
緊急	C 級任務 · 只做最必須的	A 級任務 · 立即著手！
不緊急	P 級任務 · 直接扔進垃圾桶，根本不要做	B 級任務 · 先安排，之後實踐

時間管理的主要困難在於，首先，人們會把 B 級任務擱置過久，久到它們變成 A 級任務（標準的不見棺材不掉淚）。再者，人們花費太多時間處理無益之事，也就是沒有認清 P 級任務的本質，應該被直接刪掉。

所以一位二十多歲柏林人的艾森豪矩陣，可能會是這個模樣：

待辦事項	不重要	重要
緊急	C 級任務 · 沈浸在 IG 當中 · 開趴之後洗個澡 · 回覆郵件	A 級任務 · 打工 · 賭賭運氣 · 去理髮 · 衝浪 · 泡酒吧
不緊急	P 級任務 · 凸顯自己的外在優點 · 早起 · 多做一點	B 級任務 · 溫飽自足 · 找到自我定位 · 了解個人目標 · 打電話給媽媽

第 72 堂課

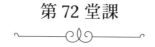

不同的「時型」

　　對於某些人而言——比如幾乎所有的青少年——早上八點前起床是件嚴重侵犯人權的要求，而鬧鐘則是資本主義的恐怖工具。另外有些人則認為，要在晚上十點之後還能保持頭腦清晰，著實難以想像。歡迎認識這個「時型」（Chronotype）的世界！

　　基本上，我們可以將其劃分成兩種迥然不同的時間類型，一種像百靈鳥，另一種則是貓頭鷹：

	百靈鳥 = 一早即有 美妙歌聲	貓頭鷹 = 到了晚上 才有清楚的視線
散布範圍	約八成爲三十歲以上者	約兩成爲三十歲以上者，不過幾乎百分之百都是青春期者
最佳狀態時段	上午九點至中午十二點	晚上八點至深夜十二點，取決於貓頭鷹程度
優勢	與社會主流兼容；絕大部分能在白天完成多項事務	當他們能自我決定時，通常會有優異表現；一般會物以類聚
缺點	參加聚會時往往過早離席，往往氣氛才開始熱絡，他們已經感到疲倦	平常上班時間精神不濟，當他們疲倦時，卻也是該有所表現的時候
合適的職業	公家單位或早餐店	保全、舞台劇演員、酒保、大型活動的場務技術人員

這裡的重點，是真心接受自己所屬的時型，並依據安排日常生活。不過這個原則只適於三十歲以上的成年人，因為處在青春期的人幾乎都是貓頭鷹。當你們三十歲以後，開始自願在渡假時八點前起床，且感到身心舒暢，那就表示你屬於百靈鳥型，而且薩克森－安哈特（Sachsen -Anhalt）可能會是你們首選的居住地，因為那裡的居民以早起聞名……

　　當然這種分類常會出現混合型的可能，而純百靈鳥型或是純貓頭鷹型，則屬於理想狀態。

第 73 堂課

正向心理學

　　心理學曾有很長一段時間十分負面，專注在探討人類的弱點以及精神障礙。某種程度上，它像是科學界裡的負面角色，探討什麼會讓人們生病、不滿和怪異，又充滿學理。沒想到後來出現了一位名為馬丁‧塞利格曼（Martin Seligman）的學者，這位狠角色提出了正向心理學（Positive Psychology），對人提出的疑問不再是「你不會什麼」，而是「你會什麼」，強調的是個人的優點、資源與潛能，同時刪除負面與貶低自我的自述：

> 我鈍得像根木頭。👎

> 你唯一的限制，是你腦中的自我設限 👆

父母根本不該生下我。👎

只要關注足夠的正向事物，即可忽略一切的負面事物 👍

我一上足球場就會緊張，笨手笨腳的。👎

大笑是消除壓力的最佳方法 👍

我覺得這個世界就像尼采說的虛無主義一樣。👎

雖然大環境不利，但還是有機會的：「Yes, you can!」👍

我的生活一團糟。👎

加油，你行的！👍

第 74 堂課

快樂與幸福感

塞利格曼最初假設，人類行動的最終目標是為了獲得快樂。之後，他發現這種假設會產生下述三個問題，所以即便是做為正向心理學的提出者，他還是修正了原始假設，著實令人佩服。

① 第一個問題

有些人，例如憂鬱症患者，他們幾乎或完全感覺不到何謂快樂。所以一旦將快樂設為人生的最高目標，那麼這類人的生命豈不是變得毫無意義？所以這樣的推演將會非常不人道。

② 第二個問題

快樂永遠飄移不定，持續追求一種不穩定的狀態是毫無意義的（這有點像是去釣魚，卻無魚上鉤）。

③ 第三個問題

快樂是一種強烈的感覺，其他事物相比之下顯得蒼白無力，反而被貶低了價值。

塞利格曼基於這三種考量，得出了一個特別的結論：人類行動的目標不該是為了快樂，而是獲得滿足感抑或幸福感。廁所心理學家在此有個感想：如果能有更多名人專家，願意在自己專精的領域裡自我糾正，那該有多好。

第 75 堂課

滿足套件

第 76 堂課

自我驗證預言

　　這可能是正向心理學最重要的概念：聽起來很高深，但實際上簡單易懂。

　　「自我驗證預言」說明了當一個人假設某事會發生，或某些人會以某種特定方式反應時，那麼照此設想如實發生的可能性就會提高。問題在於，這個現像有著正面和負面的版本。

　　就舉一個負面版本的例子好了：如果我假設所有人都爛透了（青少年、撒旦教徒或是厭世者可能也常常有這樣的想法），那麼當我看到一個人時，大概就會擺出類似綠毛怪格林奇的臉，擺出一副要殺人的模樣，對方會察覺到這一點，移情（Transference）作用發生，接著對方也會擺出一樣的臉（一副首次會見未來女婿似的），這次輪到我感受到了（互相移情原則），而且覺得對方果然證實了我一開始的假設，證明人們都很爛。然而，在這過程中，首先我忽略了自

己以偏概全，在邏輯上十分站不住腳；其次，是我必須為對方的情緒負責。但至少我是對的 ☺。不過這種快感瞬間即逝，因為主觀上我仍然認為自己生活在一個大家都很爛的世界裡，這個想法又會讓我感到不悅。結論：揚起嘴角微笑，世界（也許）就會回以微笑。

第 77 堂課

快樂水車

　　我現在要說的，是一個令人難以置信，卻又眞實的現象：一位曾經在五年前中得樂透彩卷的人，與另一位在同時間因爲脊椎受傷，從此癱瘓在床的患者，他們兩人在五年後的今天所感受到的快樂程度，竟然相差無幾。似乎無論曾經是否開心得像是飛上天，最後總會落回到一個固定的快樂程度（高低則主要與個性有關）。這個現象被稱爲「快樂水車」（Hedonic Treadmill）。雖然我們並不總是回到同一個定點，但會在某個快樂程度區間擺動。許多人回覆他人問候時，會用「普通」回答，從心理學的角度而言，其背後的意義值得玩味。例如，一位生性樂觀者的「普通」，指的是天上的雲層遮蔽了部分陽光（好的時候是陽光普照），而一位罹患憂鬱症者的「普通」，指的則是並非一切都很糟糕（不過還是有許多壞事，無論是國際情勢、氣候變遷，還有愚蠢的鄰居等）。快樂水車描述的現象，非常適合用來理解這種普通情緒。

我們也可以將它用在自己身上：想想自己上次加薪的喜悅是否還影響我們的情緒呢？（好啦！好啦！我知道那可能得看加薪的幅度）與青梅竹馬失去聯繫的傷口到今天還在嗎？其實都沒有。

最能表達快樂水車的諺語有許多，像是「時間可以治愈一切傷口」，以及「懂得痛苦，才能體會幸福」。如果人們可以靠快樂水車將自己一次又一次地帶回個別的起始水平，就可以更冷靜地面對一切──反正也不會有劇大變化。因此，廁心理學家 # 鼓舞人心的建議是：不要努力追求快樂，量力而為吧！

~ 第六章 ~

發展與演化心理學

第78堂課

發展任務的階段模型

　　心理學起源於哲學。如同哲學熱衷於追求智慧，心理學積極探究童年，而且眾所周知，童年是會影響日後生活的。艾瑞克森（Erik Erikson）提出的社會心理發展階段（Erikson's Stages of Psychosocial Developmental）非常清楚地回答了一個深沉的哲學問題：人們應該追求什麼？又該往何處發展？這個階段理論甚至說明了人們應該何時發展以及如何發展，真是十分貼心到位的服務。

任務 建立穩定的自我認同　任務失敗 到了40歲還不知道自己是誰

　　根據這個階段理論，我們在生命中的每一個階段，都有一定的發展任務，只要完成任務，就可在人格發展上往前邁一步；如果失敗，就會「停滯不前」，也沒有人希望如此（＃失敗）。這個階段理論還定義了人的一生中必須面對處理的各式小包袱。基本上，這個階段模型可以視為一場生存遊戲：

嬰兒期階段

任務：建立信任感！

簡要說明：媽媽不會置我們於不顧，隨時會提供哺乳的機會，而且爸媽可以從的我嘴型讀出每一個需求（不然我就持續嘶吼）。

任務失敗：如果事與願違，未建立起最基本的信任，那麼從心理上來說，悲劇已經開啟了。

幼年階段

任務：發展自主行動，而且不會覺得恥辱和疑慮！

簡要說明：造反有理！畢竟，儘管我們還小，也是一個獨立的個體。

任務失敗：拱手將自主權交出。

學齡前期階段

任務：發展主動性

簡要說明：玩耍、嬉戲、讓老師們絕望，在此階段都算心理健康而且可取。

任務失敗：不幸的是，我們在這階段也有可能發展出內疚感，而且不會再消失。

學齡期階段

任務：培養「工作意識」，這是艾瑞克森使用的原始說法。畢竟他出生在工業革命時代。

簡要說明：學習並且自覺有用。

任務失敗：有自卑感，而且一事無成。

青少年期階段

任務：建立自我認同。

任務失敗：到四十歲還不認識自己。

成人早期階段

任務：親密感（建立穩定的關係和連結，直白地說，就是找個人一起，和這個人也沒有非常不快樂。）

任務失敗：孤家寡人，變得古怪。

成人中期階段

任務：生產能力（傳承、創造一些可持久的事物，主要是藉由子嗣、工作或志工服務）

任務失敗：只顧自己，故步自封，不願施與。

老年期階段

任務：自我完善，能夠滿意地回顧自己的生活，接受自己的侷限。

任務失敗：絕望，而且會是位愛找人麻煩的壞脾氣老人。

第 79 堂課

依附類型

　　人們在青春期時期，多虧難以想像的荷爾蒙氾濫，終於開啟愛、性與溫柔這些主題。一開始大家都會有諸多嘗試，不過隨著年紀的增長，逐漸可以區分出相當穩定差異的關係模式。有些人和青梅竹馬結婚，過著幸福的生活；有些人的前男／女友名單比自己的履歷還長；有些人可以與人有肢體接觸，卻無法敞開心扉（所以可以發生性關係，但很難與人親熱，也無法交心）；還有一些人在與他人互動時，總想躍升為眾人關注的角色。

　　研究者在一個所謂的陌生情境測試裡，經由觀察嬰兒對母親離開和返回時的反應，歸納出四種不同的依附類型（Attachment Styles）。實驗內容就是請母親離開嬰兒身邊，然後觀察嬰兒的反應。倫理委員會肯定無法苟同這個實驗設計。可憐的小寶寶們！

① 安全依附型(Secure Attachment Style)：

相信人際關係，喜歡有意識地與他人建立關係，並且認爲是一件好事。一旦找到伴侶，即會非常理性而且感到幸福四溢地邁向結婚登記的大道上。超過半數的世人屬於安全依附型，也被認爲心理十分健康。

② 焦慮依附型(Anxious Attachment Style)：

是一個絕對不無聊的類型 ☺。所以最適合作爲電影和連續劇裡的的人設。這類人一方面想要尋求親近，但另一方面又會迴避，希望能保有距離和個人自主。不幸的是，他們的需求也時常改變……

③ 迴避依附型(Avoidant Attachment Style)：

這類人應該在交友網站上佔有高度比例。他們背後的心理是：一旦敞開心扉，讓他人接近，自己就會變得脆弱，容易

受到傷害。對他們而言，避免這種可能的傷害比感受愛更重要。畢竟迴避就不會認識，不認識自然也不會想念。這種依附類型通常源於深度的失望與傷害，所以不得不被視為一種自我保護機制。但也有一些人，因為不重視愛情和親密感，因此會避免與他人有連結。不過一段良好且穩定的伴侶關係，也被證明可以促進安全依附型。

④ **混亂依附型**（Disorganized Attachment Style）：

必須要先說，身為這類人的伴侶辛苦了。當混亂依附型的嬰兒看見媽媽回來後，他會徹底困惑，完全不知所措。一樣的狀況會出現在日後的伴侶關係上。

第 80 堂課

六種愛情類型

　　說到愛情，心理學有好幾種關於愛情的理論，但廁所心理學家最鍾情的，是心理學家約翰・艾倫・李（J. A. Lee）於 1973 年發表，有著《愛的顏色》（Colors of Love）這個美麗書名的著作。這個理論經過有效測試，探討的是人類不同的愛情類型。以下舉例幾種：

① 情慾之愛（Eros）

　　一種深度、熱情且充滿渴望的愛情。裡頭融合了親密、激情與依戀（三項愛的基本組成）。簡直就是中了情感樂透大獎（可惜相當罕見）。

② 遊戲之愛（Ludus）

　　一種玩樂，且較少約束的愛情。這類人更多的是把握當下一起渡過美好時光，而非承諾相互偕老。這種愛情類型的內心有著臨時衝動，來得快也去得快。算是一個在柏林酒吧圈裡司空見慣的愛情類型。

③ 友誼之愛（Storge）

　　一種帶著關懷、友好，且細水長流的愛。相互之間有著強烈的責任感，雙方相處生活平淡，但也不覺得悲慘，因為這類的愛情重在相依相偎，而非不斷的性慾火花。這裡衍生出一個經驗法則：如果你覺得與伴侶間的情慾減低，那麼你們可能已經處於友誼之愛。這類的愛情因為種種原因，會隨著年齡的增長而增加。

④ 現實之愛（Pragma）

　　一種直到十八世紀末都被視為正常愛情的標準模式，在那之前，人們沒想到可以在他人身上浪漫實現自己。「Pragma」表示現實或理性的愛，是一種中庸模式，彼此相互理解，但沒有情感上的激烈火花。也許是相較之下取其輕，也或許沒有任何選擇。但是，這種現實的愛有一個極大的優點，就是堅固耐用。

⑤ 瘋狂之愛（Mania）

　　一種有著耀眼的名字、十分強烈、有強大佔有慾的愛，經常出現在有焦慮依附性格的人身上。相遇時天雷勾動地火，十分有感，但受創時也十分慘重。這種激情佔有的愛情擁有

最短的婚姻半衰期，但它是從古至今全世界作家最喜歡的題材。

⑥ 利他之愛（Agape）

是種無條件、自我犧牲的愛。不僅與對方有著牢固的聯繫，還有極大的同理心。然而，這類人往往會連帶放棄個人的利益和需求，因此它的存在，從過往至今都是婚姻騙子的謀生手段。

這個理論的有趣之處在於，雖然每段關係與愛情理應都是獨一無二的，但另一方面，卻又觸手可及。簡而言之，激情之愛和遊戲之愛通常短暫又強烈，友誼之愛和務實之愛則恰恰相反，而情慾之愛和奉獻之愛則是很特殊，且非常寶貴的愛情類型。

第81堂課

成年人的任務：生成繁衍

　　傳宗接代這檔事通常從二十幾歲開始，在農村明顯會開始得更早。這類何時成家立業、何時準備增添家丁的問題，往往也是家庭聚會時親人熱衷追究的。一旦過了三十歲之後，被詢問的次數更會明顯增加，連朋友圈也會開始追問。

　　這種現象並不完全令人感到驚奇，畢竟，子嗣是家族延續、社會獲得新成員，以及人類基因得以成功傳承的先決條件。根據艾瑞克森的模型，「生成繁衍」能力也是成年人的一項發展任務。不過對有些人而言，親友的追問只會引發沮喪與壓力，也是許多人對於家庭慶祝活動敬謝不敏的原因之一，另一個原因則是想避開令人生煩的親戚。

　　「生成繁衍」意味著將某些東西傳遞給下一代，創造一些持久的東西，爲他人挺身而出。這些責任都可以藉由繁衍子嗣來直接滿足。但也意味著你可能是自願的，或者如前面所提，是自覺完成人生的一件大事。

嬰兒的眼睛不僅可愛，而且也期待他人會覺得可愛，進而適當照顧這個成功的生物範例。

衆人預期的「生成繁衍」，不僅對於不想要有孩子的人會造成困擾，對於那些欠缺社交活動者或對自己社會成就感到不滿的人，一樣是個大問題。例如，失業的人較常人更容易心生不滿甚至罹患抑鬱症，而這不僅僅與上司有關，也與他個人缺乏「生成繁衍」有關。相對的，那些從事義工工作的人，平均而言較健康也更快樂，同時也更積極參與社交活動。這現象也可以用艾瑞克森將「生成繁衍」作爲成年期的核心發展任務來解釋。

然而，關於小寶寶，卻有個有趣的實證：根據一個離婚研究的發現，孩子的確有益強化父母的關係，但不一定會讓父母更快樂。不過這也可能與他們睡眠強烈不足有關。

第 82 堂課

化爲骨灰的最佳年齡：
SOC 最適化模式

越來越多人能享壽高齡，而且這個數字會再往上提高。因此，如何到了晚年還能保持健康、有活力且心滿意足，成了一個越來越迫切的議題。

人們現在還把老人區分爲「青老人」和「老老人」。青老人介於六十到八十歲之間，而老老人則介於八十歲到入土爲止。至於那些比青老人年輕，但是看起來像老老人的人，則不在討論範圍之內，因爲我們在此是以生理年齡做區別。

現在的老先生和老太太不僅會造訪瓦肯重金屬音樂會（不是因爲開場表演的是當地的消防隊員），甚至想在 IG 上避開自己的爺爺奶奶也變難了。足見有些東西已經開始在我們年長的同胞中發生轉變。但是究竟如何能老當益壯呢？一個著名的老年心理學理論指出：關鍵在於選擇性的優化（Optimization With Selective）以及補償（Compensation），簡稱最適化模式（SOC）。

當某天覺得每天早上醒來，都像是前一晚參加派對玩到深夜一樣，感到筋疲力竭，我們就要開始選擇那些事務對自己而言尤其重要，值得讓自己專注。此時的選擇可能是一方面割捨騎重機旅行，另一方面掌握如何更加善用社交媒體。這個過程就是選擇性優化。而補償則相對意味，利用簡易的外界協助以完成事項。例如，可以趁那些從小在網路世界長大的孫子來探訪時，既給點零用錢，還可以請他們順便教一下如何在網路上做標記。因此，補償意味著有意識地補償某些因年齡產生的弱點。這種最適化理論獲得廣泛的證實，不過也得花點唇舌解釋一下。原則上，有一句箴言可以概括這個成功的老年化模式：休息太久，人就生鏽。

第 83 堂課

進化心理學：多大程度上我們仍然停留在靈長類動物

人類的一些劣根性其實是蟄伏在文明的薄毯下。我們不僅可以在 PEGIDA[34] 的遊行中得到印證，還可以在科隆（Köln）的嘉年華會或是其他大型的公司聚會上看到。這些沈睡在薄毯下的內容正是進化心理學探討的主題。這個主題在學術上充滿爭議，但在理論上和實證經驗上都非常有趣，這也是爲何會將它納入廁所大學課程的原因。

StudiVZ（廁所心理學家不時會懷念的社群網站）上曾有一個群組，名稱是「進化心理學毀了我的一生」。討論的內容與道德和習俗無關，而是以實證經驗爲主的「情色對話」，主要解釋誰和誰發生關係，以及搞了多久。既然性愛話題可以暢銷，當然要納入這本心理學入門。

---

[34] 自德國興起的歐洲愛國者抵制西方伊斯蘭化政治運動。

第 84 堂課

吸引力的重要性

　　當人們詢問他人的擇偶條件時，得到的答案通常都是屬於符合社會期待的，比如幽默、性格、價值觀等。然而，從進化心理學的角度來看，還有另一個因素，至少在求愛的過程中十分重要，那就是吸引力。用標準人格心理學教科書上所描述的說法就是：「人在初選未來伴侶的階段時，生理特徵有著難以低估的影響。當我們不在尋找伴侶時，都會注意到那些外表具吸引力的人，更何況是在尋找伴侶時。」（Neyer&Asendorpf [2018]。人格心理學）這類一針見血的見解很重要，尤其是也對初學者而言。

　　問題是，為什麼吸引力在經過了漫長的文明進程、浪漫主義的思想，以及許多人對外冒至上主義的批評（其貌不揚的人處於劣勢，＃悲哀，但大多是＃事實），還能對人類繼續發揮著如此決定性的作用？那是因為人們的潛意識和進化也同時發揮了影響，而這兩者都是偏向繁殖目的，畢竟誰不

想要有漂亮的孩子呢？或是能有一位年輕又健康的伴侶，免得自己太早成為鰥夫寡婦，還得獨自扶養孩子長大？雷姆斯汀（Rammstein）樂團這麼唱過：「人就是注重外表，期望擁有美麗的東西。」

　　至少，我們可以在擇偶方面如此斷言：與朋友和伴侶關係之間的主要區別在於性。而對於性，感受到的吸引力扮演了一個關鍵要素，使得吸引力在尋覓初期，或是「預選」時扮演著如此重要的角色。這個理論每天都可以在交友平台上獲得實證。

第 85 堂課

打烊效應實驗：
酒後是否亂性？男女為何有別？

打烊效應（Closing Time Effect）是一個在現實生活中，每週末都可在酒吧複製的有趣實驗。這個實驗的理論基礎是「客人越夜越美麗」的說法，同時針對性別進行詳細的差異分析。換句話說，就是討論男人在女人眼中的模樣，會如女人在男人眼中般受到酒精的影響嗎？在此先公布答案：不會。

這個實驗是在英國進行的，當地的酒吧在過去都有所謂的打烊前時段。也就是說，尋芳客明顯有機會在特定時段，成功攜伴離場，無需黯然獨自返家。

研究人員請受訪者為在場異性的吸引力評分，分數從一到十分。調查結果顯示，男性對女性的評分，平均而言比（尚在清醒狀態的）的女性給男性高一分。也就是基本上，女人在男人眼中，比男人在女人眼中有吸引力。這或許可以做為

解釋爲何交友平台的性別比例差異甚大……

　　然而，當研究人員在酒吧打烊前的半小時，再次請現場男女評估對方的吸引力值時，此時女性在男性眼中的吸引力評分飆升，而女性眼中的男性則幾乎毫無改變。換句話說，女性即便在酒精的影響力之下，還是始終保持淸醒的判斷力，而「酒後亂性」的現象則只會發生在男性身上。

　　不過這個實驗方法有缺失，因爲研究人員沒有顧慮到受測人員的平均酒量。

　　不過，總體而言，這項研究爲週五或週六夜晚動態提供了非常有趣的見解。這也顯示，如果男人想在女性眼中獲得較高的分數，免不了要上健身房，有個整潔的外表，甚至還得添購體面的衣服。

第 86 堂課

性的策略

　　談到演化論，勢必無法對「性」這個題目保持緘默。因為性選擇是演化心理學的一個重要研究課題。演化心理學的創始人之一，史蒂文・平克（Steven Pinker）曾發出過一句妙語：「大腦設計的終極目標，是將其創造的基因副本數量極大化。」直譯就是：最終一切都與性有關。值得關注的是，究竟男人與女人會如何想到性。

　　男性和女性之所以會有不同策略的出發點，在於一項成功的繁殖行為對男性與女性會造成完全不同的後果。女性會懷孕九個月，接著因為既定的性別關係與角色概念，一般會比男性擔起較多撫養孩子的工作。而這個繁殖行為對男性身體的直接影響，最多就是轉頭入睡而已。順帶一提，當兩人關係較久時，男性呼呼大睡的情形，平均會發生在性行為後的七分鐘，所以（幾乎）沒有什麼溫存可言。

無論如何，從演化心理學的角度來看，當女性將對方是否可依靠、個性以及荷包厚度視爲擇偶的考量時，男人則是將女性的美貌、年紀以及健康置於優先考量（此非刻板印象，而是實際經驗的平均結果），爲了如此子孫後代才能存活下去。這些差異雖然十分籠統，但至少可以用來解釋爲何會有老少配的情形，以及實務上，男性的結婚年齡也通常較女性長一些。女性對於一個純粹滿足生理需求的對象，以及其銀行存款的多寡，幾乎不感興趣，但是一旦考量到是否爲潛在的生活伴侶或是結婚對象時，則會十分在意其資源等相關事項。所有這些論點的問題在於，其中涵括許多錯覺以及以訛傳訛的資訊。因爲也有女性選擇伴侶時沒有這麼多的考量，而也有男性認爲內在美的重要性不是只拿來貧嘴用的。

　　不過有一驚人的發現顯示，儘管人類有各種文明與文化，但還是保有一定的演化與基礎生理需求。曾經有人研究比較祖父母贈送孫子孫女的聖誕節禮物大小的差異。結果顯示，無論在何種文化背景下，外婆送的禮物價值都是最高，而爺爺送的最低。這個結果令人感到意外，因爲女性的平均退休金明顯低於男性（所謂的退休金性別差距）。對此現象我們

可以提出的解釋是：媽媽可以很確定自己是孩子的母親，可是爸爸則有幫他人育兒的風險，而爺爺的風險則是加倍的。所以對於一個可能不是自個兒家人的禮物是可以省一點的。

廁所心理學家對整個演化心理學的結論是：它除了是一個對人類的整體觀，同時也提供了所有心理學中最有意思的研究成果。但是，如果我們以為可以因此將人類簡化至原始的演化角色，那麼一方面會太往生物學的角度傾斜偏差，而難以解釋許多現象；另一方面，我們也大可省去種種文化與文明。但果真如此就實在太可惜了，而且也會大大縮短我們（平均）當地球過客的時間。

第 87 堂課

系統心理學

人究竟是如何形成的呢？系統心理學（Systems Psychology）對此問題提供了一個越來越受歡迎的答案：人是其社會關係的產物。系統性的治療會檢視哪些人際關係與社群，會對精神疾病或人格形成何種程度的影響。所以與一個邊緣性人格障礙者交往，不太可能有助於擁有穩定的依戀行為。佛洛依德的一句話足以完美地點出系統心理學的精粹：「在你診斷自己罹患抑鬱症或有自卑情節之前，先想想自己是否身處在一群混蛋之中。」

周遭的人真的能極大影響而形塑我們。心理學中所謂的「環境」，本質上就是他人及其對我們個人的行為與反應。真的，想要認識一個人，看看他（自願！）的朋友圈就會知道了

~ 第七章 ~

組織心理學

第 88 堂課

組織心理學：這到底是什麼？

　　心理學不僅關注個人的問題和怪癖，也探討人們如何在一個組織中相互合作。畢竟在偏鄉的公家單位上班與在大城市裡的新創公司工作是不同的。就像穿著運動褲到律師事務所上班，可能會成為被解僱的原因，但是在廣告公司卻偶爾會被視為是種時尚，甚至在柏林的某些區還已成為市民穿著的常態。

　　組織心理學（Organizational Psychology）中最棒的發現之一，就是要了解一個組織的文化，最好的方式就是透過成員對組織的自我嘲諷。因為無論是自我認知還是與其他人的差異，都會清楚明白地濃縮在自我嘲諷中。像是為什麼公務員喜歡玩挑竹籤的遊戲？因為誰先行動，誰就輸了；企管顧問除了有聖誕節獎金之外，還有什麼？過勞；老師早上都有理，下午都有空，當然還有像是心理學家反正多少都有點不正常，都是一些特定職業常被提出的笑話。因為個人的認

同與自我認知，總能顯示出與他人的差異。光是這點就值得讓我們在廁所心理學中，好好地了解這些自我嘲諷的職業笑話！

專門從事工作與組織心理學的研究人員（包含廁所心理學家）經常會被人問到：「像你這樣算是一個真正的心理學家嗎？」問及當下，他們腦中可能會馬上跳出這些反應：

A) 你管我。

B) 去你的。

C) 先去上班，我之後就來檢視你！

D) 你是什麼咖啊？

大腦在緊接這些一時的情緒衝動之後，會反思並整理出類似以下的回答：「當然還是！因為我們人類花費大量時間在工作上，以及在不同組織中與其他人合作上。此外，心理學不僅處理問題以及病症，還關注個人、團隊、組織乃至整個社會的潛力與機會」。

這聽起來雖然沒有特別厲害，卻正是組織心理學的核心所在。其探究的重點之一，就在於為何為數不少的職場環境會讓人覺得不正常。而瞭解其中源由，就是心理學。

第 89 堂課

社會助長

　　每個人在求學或是學徒時期，或多或少都可能有過「沒有興趣了」的念頭。

　　相同的情形自然也會發生在職場生活中，只是人們將其優雅地稱爲「內心離職」（innere Kündigung）。令人驚訝的是有此現象的人爲數不少。那該如何防範這種問題產生呢？

　　想要提高工作績效，不是只有靠主管在現場督導才可，還可以藉群體的力量而達到眾志成城的效果。這正是想營造「共享工作空間」現象的背後心理成因。因爲當其他人都在工作，而自己卻在那拖拖拉拉時，就會產生內疚感。還有如果其他人都在忙著，而自己卻一身輕閒，會有種不屬於團隊一份子的感覺。誰會想孤伶伶一個人呢？這也就是爲何大家在求學期間喜歡有學習小組的原因，即使根本搞不清楚究竟是在準備考試，還是在喝咖啡聊是非都行。

也就是說，他人的在場可減輕工作，不過這方式只適合較簡易的任務。一旦面臨複雜的任務時，這種「一起來」的示範性行動也可能達到反效果，因為此時需要的是大量的計劃。

因此，當你們下次向主管提出以下要求時，可以說是根據廁所心理學家的看法，以及基於社會助長（Social Facilitation）理論：

① **不要獨自一人辦公。**
② **不要有懶惰的同事。**
③ **同事是來共事的，不是來作對的。**
④ **主管要一起實際參與。**
⑤ **人人都真正參與小組工作，妥善分工，而且可以互相依賴。**
⑥ **遇到困難時冷靜面對，而非互相推託。**
⑦ **有與他人交流想法的機會，好讓自己了解他人的工作，以及懂得他人付出的可貴。**

PS：居家辦公雖是件好事，但剛好少了這種社會助長效應，弱化自我激勵。而且不少人還會遭遇哭鬧嬰兒效應、飢餓孩子效應，以及煩人伴侶效應……

第 90 堂課

吸才 - 選才 - 汰才模式：
爲什麼一個組織永遠不會發生
實質性變化

組織心理學中最有意義以及最實用的理論之一，就是「吸才 -
選才 - 汰才模式」（Attraction-Selection-Attrition Model）。
這樣的名稱可能會讓人誤以爲討論的是演化心理學，或是什
麼「不道德」的事物，其實，它解釋了爲什麼在一個組織中，
會有某種類型的人佔主流。

這個理論認爲，人們在相同起跑點會受不同的組織吸引。
換個角度來看就是，只有某些類型的人會應徵某個工作。那
些有國際觀、熱愛冒險以及高度靈活的「數位原住民」，可
能一輩子都不會想要應徵區公所的工作（即便是在資訊部
門）。而 Z 世代人對工作與生活平衡的認知，是工作不能
過度干擾生活，所以他們很聰明，不會應徵私人企業的主管
職，畢竟在那種單位，所謂擁有規律的上下班時間等同於天
方夜譚。因此組織本身從特性上就縮限了應徵者人數。再來
就是選擇的過程。儘管人人平等，應徵者的成績和資格不相
上下，但問題是誰最對味呢？

這個問題的背後想法,其實就是「誰適合我們這些既有的人」,再加上相似性會提高認同感,因此這個疑問更像是「誰（最有可能）像我們一樣?」順便說一下,直到今天,男性網絡[35]仍根據這原則運作他們的協會。所以,假使那些雀屏中選者就是與現存者最匹配的人的話,那麼那些大肆吹噓的多樣性其實根本就是玩假的。

第三個過程是汰才。雖然一方面無論如何都得熬過試用期,但有時其中一方,無論是組織還是個人,會意識到彼此的契合程度不如原本想像的那麼好,於是那些氣味不相投的會自行離開或被請走。造成的結果就是員工的同質性更高。

因此想改善須要依靠兩件事:一是改變形象,如此會有比原來更多不同類型的人前來應徵。其次是,公司更常認真實踐自己對多樣性和多元化的承諾,而不是僱用感覺氣質最類似的人。偶爾不按牌理出牌、多些創意,或是直接讓女性或有移民背景的人擔當管理職位。

---

[35] 專為男性以及男孩建立工作人脈的協會。

第 91 堂課

根據勒溫理論，對自我領導風格做個小心理測驗

你可以藉著這個測驗，找出自己傾向的領導風格。勒溫肯定也會感到好奇！

問題 1：別人曾如何罵你？

　A）專制獨裁。

　B）沒有原則。

　C）光說不練。

問題 2：你會用哪句話做為決定的理由？

　A）怕熱就不要進廚房。

　B）如果大家都只是議而不決，那就來下決定！

　C）每一個決定都屠殺了其他的可能！

問題 3：一個主管該如何帶領部屬？

A）可信任很好，能控制更好！

B）讓大家都能參與表達個人想法，但最終還是自己決定。

C）靠他人領導已經是上世紀的產物。現在流行的是自我組織！

問題 4：你的育兒理想為何？

A）其實，賞耳光也無傷大雅。

B）呵護但有原則。

C）反對專制。

這個解答很簡單：選擇越多 A，就越傾向專制的養育方式；B 越多，就越民主一些；而 C 越多，則越放任。

第 92 堂課

變革型領導

老美從來不以含蓄聞名，他們喜歡用悲情引發共鳴，這在他們的電影作品中尤其明顯。而這個主要在美國流行的領導理論自然也要大膽些，所以稱爲「變革型領導」（Transformational Leadership），而且這種領導有一個絕對不含蓄的訴求，就是從受薪員工到整個組織，從根本上做改變，所以就是「變革」。

這種領導風格有些要求雖然有點誇大，但是蘊含了許多心理智慧。它主要建立在四個面向上，即**使用影響價值觀和意識形態的方式來領導、抱持激勵的理念領導員工面對未來、善用激發員工的方式使其接受嚴苛的挑戰，以及對組織內所有員工表達個人關懷**。簡單地說，就是領導變革的經理人不僅知道該如何宣揚使命，還會貫徹執行。變革型領導意味著，一旦企業允許員工有異議以及個人思考空間，就能爆發出更多想法，同時提高每個人的自信心。如果我們感覺被認

可、被注意且受重視，那麼不僅可以提升個人往領導層次發展，也會提升我們與雇主之間的關係、信任以及整體連結。這正是變革型領導在心理層面上能如此有價值的原因。

第 93 堂課

偉人理論：試圖反襲的父權主義

人們心中對於一位領導者的人格想像，很大程度上是受到電影和史書的影響。那些勇往向前並博得成功的英雄，強壯且堅不可摧。人們聯想到的特徵是強壯、奮鬥不懈、足以典範以及勇敢無畏。有一種理論集合了上述種種特點，稱為「偉人理論」（Great Man Theory）。這個理論被提出時，人們還未考慮過也會有偉大的女性，所以叫「Great Man」，而且這些特質都屬於偏男性化的內涵，所以我們可以將這理論想像為試圖反襲的父權主義。確實有一些人格特質是有助於促進領導力，但它們卻與性別無關。首要的特質是智力，再者是明顯的權力動機，第三則是社交技能。

換句話說，如果你是個笨蛋，無論是男或女，肯定當不了好老闆。即使在監獄裡，往往也是最聰明的那位當老大，這不是完全沒有道理的。

還有，那些發自內心不想出來號召眾人的人，也就是不具哲人尼采所說的權力意志的人，他們也做不好，特別是因為他們對衝突會感到戒懼。坐上位者，必須懂得享受擁有權力的滋味，畢竟無論在何種組織，高處不勝寒都是有跡可循的。而權力動機剛好可以彌補搏鬥時所需要的額外氧氣。缺乏社交經驗的人坐上領導位置也不是一個好主意。因為想要領導部屬，你必須了解他們，且能夠融入到他們的圈子裡。

　　然而，關鍵還是要能適當領導，保持一致且公平。自己的行為要有根據，而且能被他人理解。這部份剛好是可以後天學習得來，且不限「偉人」才能辦到。

第 94 堂課

黑暗三角人格：
如果我的上司是心理病態

這個世界上就是存在著混蛋。不幸的是，有證據顯示，極大部分都位居上位。

「混蛋」是日常生活中絕對常見的一類人，不過如果我們從心理學的角度來看的話，就必須將他們再做區分。因為儘管「混蛋」這個詞（也常被稱為「王八蛋」）已成為日常用語的一部分，還是應該給這個強烈訓斥一些實質內容。

例如黑暗三角人格（Dark Triad）的概念就挺適合，它指的是一個集結三種人格特質的組合，每一種都有缺乏同理心和操縱他人的特殊傾向。其實就是那些人的劣根性。

這三種構成黑暗三角的人格特質，依序是自戀、馬基維利主義（Machiavellianism）和心理病態（Psychopathy）。

自戀形容的是一個人過度自愛、自大以及在面對他人時充滿優越感。特別是明明有人人都該遵守的規則時，總有那麼一些人自認無須配合，我們基本都可以假設他們是有自戀傾向的人。老闆們尤其喜歡認為規則只適用於除他們之外的所有人。

　　事實上，馬基維利主義者可能都浸淫在馬基維利（Niccolò Machiavelli）所著的《君王論》（IL Principe）中太久了。這本最早的政治指南，以殘酷手段達成目的為基本原則著稱。馬基維利指出，受人敬愛不如被人懼怕，因為恐懼是一種更強烈而且可以持續的感覺。他還曾建議統治者，暴行要在執政初期先執行，好方便以後被忘記，另外，一旦征服新的領地，最好直接消滅原來的統治家族，因為他們永遠難以放棄原有的權力。馬基維利式的上司在辦公室裡大致會有以下表現：權力至上，不管部屬死活。

心理病態者的特點則是極度缺乏同理心，他們對自己行為會造成的社會後果完全無感，這也正是他們危險之處。

　　問題是，這些人在許多公司內部權力與地位鬥爭中，往往是佔上風的一群。因為他們可以踩著別人的屍體往上爬，如果同時還是馬基維利主義者，那還會順便將其他人玩弄於鼓掌之間，巧妙地設局將自己往上提升。並不是說要夠壞才能當上老闆，但從經驗上來看，那的確可略為增加爬上主管寶座的可能性。而這才是讓人感到可悲的事。

第 95 堂課

馮・圖恩的「內心團隊」

商學院畢業的人（這些人的智力與思想，以心理學的高標準來看，都相當膚淺）相信人類是理性客觀的。廁所心理學家聽到這種說法，反應不是大笑，就是深感同情⋯⋯

我們可以用提出四耳模型的學者馮・圖恩（Friedemann Schulz von Thun）提出的另一理論「內心團隊」（Innere Team），來解釋為何他們會有那些反應。內部團隊理論假設，每個人的內在都有一個由不同的角色和聲音共同組成的內部團隊（理論上如此）。只是馮・圖恩認為內部團隊的確切組成方式，也會因人而異（不幸的是，這裡不像德國甲級足球隊，在會賽與會賽中間有更換球員的機會）。

內部團隊的成員可能包括「謹慎者」、「做夢者」、「務實者」、「冒險者」以及「吝嗇者」，他們會就一些事情達成一致，比如針對一個房屋計劃展開群體會議，一起決定如何開展。這解釋了為何人們有時會在做決定時面臨困難，因

爲每一個決定不僅斷絕了其他所有可能，內部團隊也總有些成員會持不同意見。

然而，這個內部團隊理論也表明：我們人類有時會產生矛盾的想法和行爲是完全正常之事，那絕非是多重人格或其他更不相關的缺失而造成的表現。

第 96 堂課

賽局理論是很嚴肅的

　　電影《美麗境界》（A Beautiful Mind）深刻描繪了數學天才約翰‧納許（John Nash）的生平以及經歷，美妙的心靈不是源自那個困擾他的精神分裂症，而是他清晰的思想，尤其是他對賽局理論（Game Theory）奠定的進一步發展。賽局理論討論的內容，其實與名稱乍聽之下的印象剛好相反，是一個絕對嚴肅的主題，是關於個人的行為舉止如何受制於自我對他人行為的臆測。

　　舉一個例子：我和某人吵架，我可以選擇表現和善或是惡劣。我的行為方式很大程度上取決於評估他人行為的結果。

我	他人	結果
友善	友善	彼此一致且和諧。
友善	惡劣	我被佔了便宜。
惡劣	友善	我佔了別人便宜（而且可能還覺得過意不去）。
惡劣	惡劣	我們只是在互相麻煩，無人從中受益。

現在矛盾來了：如果我們雙方都很友善，一切都很棒；但如果只有我友善，結果可能對我不利；但如果我們都出於自我保護而表現惡劣，結果也會很糟糕。

所以，納許的賽局理論教會我們：首先是信任的重要性，其次是當我們選擇自我行為時，要時時刻刻考慮對方的觀點和利益。光是這兩點，就是足以發人深省的發現，可以很幸運地不需進一步了解賽局理論的數學內容。

第 97 堂課

席爾迪尼的七項說服原則

席爾迪尼（Robert Cialdini）一直以來都是說服心理學的教父。因此，他深受廣告專業人士、政治家和其他熱衷權力者的歡迎。他的七項說服原則既能作爲使用寶典，也容易識別，好避免自己被他人持續操縱。廁所心理學家當然樂意分享這類相關知識！

基本原則 1：互惠

當我們有所受時，自然（至少大多數人）會產生施與回饋的願望，以平衡施與受。

基本原則 2：有好感

通常對於有好感的人，我們也會覺得比較熟悉，覺得可以信任，同時也感覺比較眞誠。即便對方試圖以假亂眞，我們還是會很開心。從溝通心理學的角度來看，這明顯是因爲認同感影響了人際關係。

基本原則 3：社會認同

人類畢竟是會比較的生物。那些由我們認識的人，以及我們重視他們判斷的人所推薦的東西，我們自然會認為肯定是沒問題的。許多平台上的評分制度都是基於這個社會認同原則。如果某些東西在某處曾行得通，它們也會被採納。

基本原則 4：權威

無論我們再如何自認客觀和理性，某些來自像是穿著白袍、有博士學位、得過獎項以及享有高度聲望等人的影響，仍然能在我們身上發生效用。

基本原則 5：稀有性

假使某些物品極其稀有或是搶手，那麼它們顯然十分珍貴和受人歡迎。所以有些人喜歡強調自己行程滿檔。

基本原則 6：承諾和一致性

人人都希望保持個人信念且言行一致。經驗顯示，我們為了能保持一致性，會願意額外有所付出。當你們在徒步區遇見動保和環保協會的成員推廣理念時，這個原則就會被啟

動，因爲如果你們認同，就必須成爲會員才能保持個人信
念……

基本原則 7：歸屬感

如果我們假設有些事屬於我們這個群組的內部事件，或是
說所有群組成員都做了某件事，那麼我們個人也會跟著做。
畢竟誰會想成爲局外人，不合群呢？類似「我們都吃／喝／
買……」的句型就是用來將大家一網打盡的。

如果你們想好好操控他人，務必將互惠、好感、社會認同、
權威、稀有性、一致性以及歸屬感等基本原則，置入你的語
言方法工具箱裡。

第 98 堂課

促進型焦點與預防型焦點

　　心理學家希金斯（Tory Higgins）於 1997 年發表的理論，明白解釋了爲什麼每個人處理事務的方式有別。根據這個理論，其中的差異遠多於傳統的樂觀與悲觀主義的不同。他將那些比較關注機會與可能的人稱爲促進型焦點（Promotion Focus）；比較注重管控風險以及避免損害的人則爲預防型焦點（Prevention Focus）。對於一個組織而言，適當地佈署人員非常重要。興利型的員工擅長行銷工作，而防弊型的員工則擅長稽核和會計。好的老闆應該要是兩者的合一，即看到機會的同時，也能顧及不必要的風險，懂得避險。不幸的是，我們在一個人身上往往只能看到其中某一特質。這正是爲何調節焦點理論（Regulatory Focus Theory）可以解釋任用雙執行長是有意義的。我們可以將兩者做以下比較：

	促進型焦點	預防型焦點
基本主題	實現所有的機會和可能性	彼此一致且和諧。
優點	更有自信，不斷向前，可以激勵他人	不會發生災難，保持穩定
缺點	忽視風險、輕率，有時過於樂觀	不只損失機會，有時甚至生命就從指間匆匆穿過
常見的職業	教練、企業家、社會工作者、研究員	會計師、女警、稽核、社工

結業式

第 99 堂課

給眞正的廁所心理學家的使用手冊

我如何確認對方真的是個混蛋（又名人渣）？

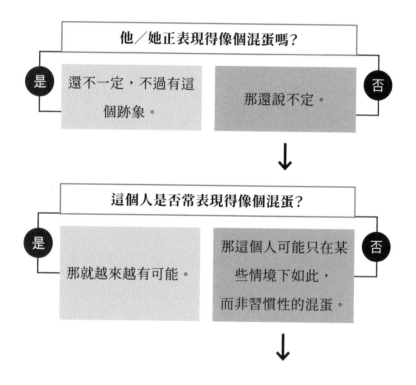

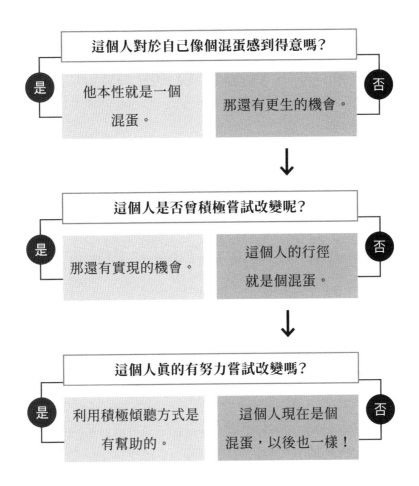

這個人對於自己像個混蛋感到得意嗎？

是 　他本性就是一個混蛋。

否 　那還有更生的機會。

這個人是否曾積極嘗試改變呢？

是 　那還有實現的機會。

否 　這個人的行徑就是個混蛋。

這個人真的有努力嘗試改變嗎？

是 　利用積極傾聽方式是有幫助的。

否 　這個人現在是個混蛋，以後也一樣！

第 100 堂課

結業不是一切：
如何可以融會貫通心理學

現在你們已經密集上完了一百堂廁所心理課了，下一步就是最後一關：結業考試。之後你們就是經過認證的廁所心理學家，可是如你們所知，尤其是在德國，人們都高估了結業文憑。

所以我理應在結業前提供你們一些要領，讓你們變得更優秀，並了解更深入的心理學知識。

①寫日記

當我們快速檢視自我，有意識地梳理和反思自我經歷時，會對評估他人以及他人的遭遇助益良多。

②比較自己的第一印象以及之後的印象

當我們認識一個人，同時知道很快會與對方有許多互動時（例如同事），記下對方給予自己的第一印象會十分有意義。

因為我們可以在半年之後，將當時的紀錄找出，看看哪部分符合，哪些沒有。如此可以看出自己能掌握他人哪些面向的人格，以及哪些部分還有待加強。

③走出個人的心理同溫層

物以類聚的基本原則，會讓我們經常（無意識地！）與和自己性格相似的人為伍。但這也意味，我們在心理層面上會因此受限。因為正是那些與自己截然不同者，可以開闢新的視角（以及我們個人），並讓我們能更了解其他同胞。行萬里路帶來的教育意義也適用與不同人的對話。

④積極尋求反饋

了解別人怎麼看自己，總是件令人好奇的事。然而，人們在日常生活中很少談及這部分（這是許多訓練者和教練必備的生存條件！）。但是，通過積極詢問他人如何看待與評價自我，既可獲得許多有關個人的資訊，也可以了解他人是帶著何種顏色的鏡片看待自己。這反而有助於我們能更好理解對方以及對方的觀點。

⑤**繼續閱讀相關書籍，因為這裡只是一個簡介**

市面上還有許多優良的心理學叢書，雖然不像這本書這麼好，內容這麼豐富，但也很好。只有豐富自己的心理知識，才能更快更好地認識和理解他人。

心理學賓果

級數	深層心理學	社會心理學	人格心理學	動機	基本概念
1	精神官能症	偏見	神經質	心流	驅力
2	心理防衛機制	歸因	自我意象與他人意象的差異	內在動機	影響
3	集體潛意識	可得性捷思法	遺傳與後天環境爭議	能力動機	人格肖像
4	原型	認知失調	基本歸因謬誤	擴展型認知動機模式	生物心理社會模式
5	內心驅力動力	推敲可能性模式	跨情境一致性	自成幸福動機	多種特質多項相關法

結業考試

親愛的同學們，大家好。你們已經完成全部一百堂課了，恭喜你們的參與和毅力。我們一起分析、感到驚奇、共同歡笑、覺得讚嘆，而且爲了讓你們現在可以更了解自己和他人，做了許多努力。現在我們的結業考試將會證明：果眞如此！

每答對一題就可獲得一分。總共有三十個問題，你們必須至少答對一半，才能獲得「廁所心理學家」的正式頭銜。如果你成功了，書末的證書就屬於你了。把你們的大名塡上，裱個框，然後掛在廁所，這樣在每一次如廁時，你都可以倍感自豪。然而，如果失敗了，那的確挺糟的，就再來一次吧！

祝你成功！

1. **哪一項不屬於佛洛依德的精神三大部分？**

   A）本我

   B）自我

   C）他我

   D）超我

2. **心理學是在何時何地以獨立科學出現的？**

   A）每天在我的腦海裡

   B）在 1879 年位於萊比錫的馮特心理研究中心

   C）在 1900 年於柏林舉行的世界心理學大會上

   D）和希波克拉底提出氣質理論同一個時代

3. **按照阿德勒的說法，每個年輕人在青春期都會經歷何種感受？**

   A）優越感

   B）自卑感

   C）自戀

   D）以自我爲中心

4. **佛洛依德認爲停留在口腔期的人會以什麼方式表達出？**

   A）抽雪茄

   B）舔棒棒糖

   C）酗酒

   D）******** ********

5. **哪位著名心理學家認同納粹？**

   A）佛洛依德

   B）阿德勒

   C）艾瑞克森

   D）榮格

6. **羅夏墨跡測驗具科學性嗎？**

   A）不，因爲那根本不客觀，也不可靠

   B）當然，八卦雜誌也用來分析個性

   C）反正本來就多少都帶些臆測

   D）如果符號明顯辨別，絕對有科學性

7. **根據麥克利蘭的說法，下述哪一項不屬於三大經典人類動機之一？**

   A）權力動機

   B）親和動機

   C）成就動機

   D）性動機

8. **如果一個人表現出來的是十分焦慮的人格結構，心理上正確的術語爲何？**

   A）膽小如鼠

   B）神經質

   C）神經衰弱

   D）歇斯底里症

9. 內向作爲一種人格特質，是否只能被負面看待？

A）不，因爲內向的人通常有內涵，很少膚淺

B）當然，因爲他們通常窩在家中

C）當然，因爲他們在別人面前幾乎都一語不發

D）不，但爲什麼我不能說會有這樣的感覺

10. 我說行爲主義，你會說：

A）馬斯洛

B）保羅 · 瓦茨拉維克

C）斯金納

D）艾森克

11. 如果一個人有目標、守紀律、果斷、準確而且勤奮，你們會清楚歸類到那種性格特徵？

A）宜人性

B）盡責性

C）保守主義

D）情緒穩定

12. 如何總結開放與保守利弊的根本困境？

A）謹愼小心是好事，不是嗎？

B）我甚至對保守持開放態度

C）什麼都接受的人，一般都沒有自己的想法

D）困境不是哲學談的東西嗎？

13. **根據勒溫的看法，哪種領導風格從長遠來看最成功？**

   A）威權領導風格

   B）民主領導風格

   C）自由放任的管理風格

   D）交易型領導風格

14. **對他人的第一印象通常需要多長時間？**

   A）三秒鐘

   B）三分鐘

   C）三天

   D）因人而異

15. **成年之後，什麼會再次促使我們產生部分人格發展？**

   A）什麼都不會

   B）酒精

   C）重大的生活事件

   D）丈母娘

16. **心理學上稱一個人會接受、反思和記住支持原來觀點的資訊為什麼？**

   A）我是對的效應

   B）有限的意見靈活性

   C）主觀說服通道

   D）確認偏差

17. 什麼是「認知」？

A） 絕對不雅的東西

B） 各種各樣的想法

C） 強迫某人做某事

D） 當你們互相注射時

18. 哪種行為組合會實際引發一個人的認知失調？

A） 投極右派政黨，也咒罵外國人

B） 投基民黨（CDU），因為希望一切都保持原樣

C） 投綠黨，同時開休旅車

D） 投左派政黨，同時贊同課富人稅

19. 六種愛情風格中的遊戲之愛為哪一個？

A） Ludus

B） Luder

C） Mania

D） Mandonna

20. SOC 模式在著名的發展心理學模型中代表什麼？

A） 選擇性優化和補償

B） 主觀輸出和清晰

C） 安全方向與注意力

D） 情境選擇和能力

21. 根據艾瑞克森的社會心理發展階段，青春期的核心發展任務是什麼？

A）在遊戲《要塞英雄》裡戰勝他人

B）獲得基本信任

C）建立自我認同

D）建立安全連結

22. 那一項不屬於領導的黑暗三角人格？

A）自戀

B）神經質

C）馬基維利主義

D）心理病態

23. 哪種依附方式絕對最不利生活？

A）安全依附型

B）焦慮依附型

C）迴避依附型

D）雜亂無章

24. 什麼最能描述「感官刺激尋求」？

A）我喜歡看八卦報紙

B）我想成為一名記者

C）我基本上會不斷尋找強烈印象，又很快就會感到無趣

D）我喜歡吸毒，尋求感官刺激只是好聽一點的說法

25. 我們可以從心理學上將川普歸類爲何種權力動機？

A）內化的動力動機

B）反射的動力動機

C）社群的權力動機

D）個人的權力動機

26. 以下何者準確描述了「群體思維」的社會心理現象？

A）在群組中更容易思考

B）當一個群組中人人想法都類似時，就會快速變得激進

C）我們該爲群體著想，而非個人

D）人類思維可以分成不同的類群

27. 對於一個時常想引人注目、不停換衣服、讓人感到不停在扮演他人而非自己的人，我們會覺得他有何類障礙？

A）自戀型人格障礙

B）邊緣型人格障礙

C）做作型人格障礙

D）強迫型人格障礙

28. 漫畫《加菲貓》經常被描述成一隻胖胖的、懶懶的、常常挖苦他人的公貓，喜歡吃飯睡覺。那他到底是屬於何類氣質？

A）多血質者

B）膽汁質者

C）抑鬱質者

D）黏液質者

29. 哪一句話最能描述人際間的吸引力，經驗上也最常出現在婚禮儀式上？

A）同性相吸

B）異性相吸

C）摩擦生熱

D）無人想被隔絕在外

30. 根據艾森豪矩陣，該如何處理不重要也不緊急的事情？

A）什麼都不做

B）只處理最必須的，80/20 準則

C）下指令，總可以找到個笨蛋來處理

D）立即處理，就可以高枕無憂

問題的答案在下一頁。不要作弊！

正確答案：

1C, 2B, 3B, 4A, 5D, 6A, 7D, 8B, 9A, 10C, 11B, 12C, 13B,

14A, 15C, 16D, 17B, 18C, 19A, 20A, 21C, 22B, 23D, 24C,

25D, 26B, 27C, 28D, 29A, 30A

廁 所 大 學

書

證

學生＿＿＿＿在本校修業期滿，

廁所大學心理學測驗成績＿＿＿＿/30及格，

特頒畢業證書，並授予馬桶心理學家學位。

廁所大學頒發

校長
Dr. Konrad Clever（柯聰明）

院長
Moritz Kirchner（馬範本）

2AB722

廁所裡的心理學：

每天 14 分鐘大師開課！人格障礙、拖延症、潛意識、吸引力法則……
拆解 100 個最核心的心理學知識
Klo-Psychologe: In 100 Sitzungen zum Seelenklempner

作　　　者	瑞次·柯敘訥（Moritz Kirchner） 康拉德·柯列弗（Konrad Clever）
譯　　　者	彭菲菲
插　　　圖	任宥騰
責 任 編 輯	張之寧
內 頁 設 計	江麗姿
封 面 設 計	任宥騰
行 銷 企 劃	辛政遠、楊惠潔
總 編 輯	姚蜀芸
副 社 長	黃錫鉉
總 經 理	吳濱伶
發 行 人	何飛鵬
出　　　版	創意市集
發　　　行	城邦文化事業股份有限公司 歡迎光臨城邦讀書花園
網　　　址	www.cite.com.tw

香港發行所　城邦（香港）出版集團有限公司
香港灣仔駱克道 193 號東超商業中心 1 樓
電話：(852) 25086231
傳眞：(852) 25789337
E-mail：hkcite@biznetvigator.com

馬新發行所　城邦（馬新）出版集團 Cite (M) Sdn Bhd
41, Jalan Radin Anum, Bandar Baru
Sri Petaling, 57000 Kuala Lumpur,
Malaysia.
電話：(603) 90578822
傳眞：(603) 90576622
E-mail：cite@cite.com.my

展 售 門 市　台北市民生東路二段 141 號 7 樓
製 版 印 刷　凱林彩印股份有限公司
初 版 2 刷　2022 年 8 月
I S B N　978-986-0769-96-8
定　　價　390 元

客戶服務中心
地址：10483台北市中山區民生東路二段141號B1
服務電話：（02）2500-7718、（02）2500-7719
服務時間：周一至周五 9：30～18：00
24小時傳眞專線：（02）2500-1990～3
E-mail：service@readingclub.com.tw

若書籍外觀有破損、缺頁、裝訂錯誤等不完整現象，
想要換書、退書，或您有大量購書的需求服務，都請
與客服中心聯繫。

國家圖書館出版品預行編目 (CIP) 資料

廁所裡的心理學：每天14分鐘大師開課！人格障礙、拖
延症、潛意識、吸引力法則……拆解100個最核心的心理
學知識 / 莫瑞次.柯敘訥(Moritz Kirchner), 康拉德.柯列
弗(Konrad Clever)作. -- 初版. -- 臺北市：創意市集出
版：英屬蓋曼群島商家庭傳媒股份有限公司城邦分公司
發行, 2022.07
　面；　公分
譯自：Klo-Psychologe : in 100 Sitzungen zum
Seelenklempner
ISBN 978-986-0769-96-8(平裝)

　　1.CST: 心理學

170　　　　　　　　　　　　　　　　　　111004408